假如历史是首诗

藏在
古诗词
里的两宋史

刘应　刘威　著

山东科学技术出版社

·济南·

图书在版编目（CIP）数据

藏在古诗词里的两宋史 / 刘应，刘威著 . -- 济南：
山东科学技术出版社，2022.7
（假如历史是首诗）
ISBN 978-7-5723-1204-5

Ⅰ.①藏… Ⅱ.①刘… ②刘… Ⅲ.①古典诗歌–中
国–中小学–教学参考资料 Ⅳ.① G634.303

中国版本图书馆 CIP 数据核字 (2022) 第 064612 号

# 藏在古诗词里的两宋史

CANGZAI GUSHICI LI DE LIANGSONG SHI

责任编辑：张丽炜　孙　佳
装帧设计：孙　佳

主管单位：山东出版传媒股份有限公司
出 版 者：山东科学技术出版社
　　　　　地址：济南市市中区舜耕路 517 号
　　　　　邮编：250003　电话：（0531）82098088
　　　　　网址：www.lkj.com.cn
　　　　　电子邮件：sdkj@sdcbcm.com
发 行 者：山东科学技术出版社
　　　　　地址：济南市市中区舜耕路 517 号
　　　　　邮编：250003　电话：（0531）82098067
印 刷 者：济南新先锋彩印有限公司
　　　　　地址：济南市工业北路 188-6 号
　　　　　邮编：250101　电话：（0531）88615699

规格：16 开（170 mm×240 mm）
印张：17　字数：149 千　印数：5001~10000
版次：2022 年 7 月第 1 版　印次：2023 年 4 月第 2 次印刷
定价：69.00 元

## 更有趣的古诗词赏析

中国古诗词，是我们中华文化中最为精湛的艺术，举世无双。

我很喜欢一个说法，如果你喜欢中国古诗词，看莎士比亚都嫌弃他太啰唆。莎士比亚也是世界级大文豪，戏剧诗歌美妙绝伦，但跟中国古诗词比起来，还是稍逊一筹。因为我们的古典诗词，更加精妙。

古诗词是我国文学经典里的璀璨明珠。但是，古诗词的赏析是需要门槛的。言简意赅，几十个字，藏着巨大的蕴意，有时候甚至不是字面上的意思。所以，需要专业的基础知识打底，才能鉴赏古诗词。然而传统的学院派赏析，往往缺乏情趣。

古诗词毕竟是文人的创作，文人才是最具有感受力的。诗词体现了文人的情趣审美，细腻的心灵。诗人，是灵活的，狡黠的，敏感的，甚至是故弄玄虚，玩一些文字游戏。学者的研究，太迂腐就会误解诗人。学术研究毕竟只是副产品，是间接的，始终有一层隔膜。

　　有一次我担任电视台"咏经典诗词"晚会的节目评委，另外一位搭档嘉宾，是中国词学研究会会长王兆鹏教授。在和编导沟通对台本的时候，编导明确要求王教授以专业知识讲解为主，要求我用生动具体的文学理解来解释，搭配起来，为观众献上一台赏析盛宴。

　　这很能说明问题。因为文人最懂文人心。

　　文学经典绝不沉闷无趣，其生命力恰恰在于内在的丰富审美趣味，对人性的洞悉，精彩的叙事，深刻的悲悯，才能流传下来。年轻读者对"亲近经典"的阅读体验，同样特别敏感，常有抱怨看不懂，看不下去，冗长、啰唆、无趣。

　　我曾经在《解放日报》撰文提出："文学经典博大精深，如同坚果，果实营养丰富，滋味甘美，硬壳比较难啃，这就需要有适当的人来做好这份接引入门工作。以足够的人生阅历、知识品味和宽广的文学视野来做好普及工作。"

　　我自己也做过这类尝试，出版过《人生是一场雅集》。所以也很高兴，这个队伍又来了优秀的同道。

　　我认为，刘应先生的这套作品，充分发挥了我们作家的优势，在保障专业准确的基础上，做到了生动有趣的文学普及。让读者先入门，无限风光在其中，入门了，顺理成章就能进一步领略千年诗词之美。

沈嘉柯

## 为什么要写这本书

　　小时候奶奶经常给我们讲故事，故事的内容很多都是寓言和童话，偶尔冒出几首打油诗，我们听得很认真。

　　奶奶说她的故事也是听别人讲来的，她不识几个字，但记了这么多故事，并不是记忆力有多么惊人，是因为口述了很多次。多次口口相传，让记忆更加深刻。可以说，是奶奶启蒙了我的想象力，但那个时候我不懂这些故事的真正含义，只把它们当成纯粹的故事来听。

　　上了小学后，开始接触简单的诗词，老师总是苦口婆心地叫我们背诵下来，那个时候被"全文背诵"四个字深深地支配了很久，当时不懂为什么要背诵那些诗词，反正背下来就对了。

　　长大后，尤其是真正踏入社会之后，很少有机会再去专心诵读诗词。但是，那些刻印在我们脑海中的诗词，总会在不经意间跳腾出来，和生活中的某些场景一一对应。

　　如果没有诗词，我们的描述能力就会大打折扣，见到美丽的风景只会惊呼"太美了，实在太好看了"，然后就词穷了，生活也会少了很多浪漫。

诗词，便是中国文人的浪漫。赋太华丽，史传太过正经，论说的全是道理。只有诗词，把神话传说、古今历史、现实幻想、风骨气魄、理想生活和人生百态藏在这短短数十百字之中，糅合成极致的浪漫。

诗词，总有它们独特的美。

两个文人坐在一起，只要聊到我们国家的文化，肯定避不开诗词，尤其是唐诗和宋词。如果少了诗词这部分，就像是一个演奏团队因缺少了某种乐器而少了独有的味道。

诗词里有梦游四方寰宇："醉后不知天在水，满船清梦压星河。"有至死不渝的爱情："十年生死两茫茫。不思量，自难忘。千里孤坟，无处话凄凉。"有理想者决绝的声音："纵使你脚下有一千名挑战者，那就把我算作第一千零一名。"无论古今，纵使是千百年后，诗词的美，依然是震撼人心的！

一个文化意义上的中国娃，多少都能背得上几首诗词，与文化行业相关的人就更不用讲了。

每天紧张的工作和快速的节奏时刻压迫着我们的神经，使得我们不能徜徉于名山大川、行吟于江河湖海，心中还记得多少诗呢？

七八岁的孩童都能背得出几句诗词，而忙于生计的大人们却早把诗与远方抛在脑后了。

他们大概会反驳，我既不是诗人，又不是作家，背那东西干吗？有什么用，还不如挣钱来得痛快。

人家说得对啊，那些诗词背来没什么实际用处，背而不解其中之意也没什么意义。

"诗，可以兴，可以观，可以群，可以怨。"也就是说，诗歌可以联想，可以观察，可以合群，可以用来抒发怨恨。

诗歌的作用固然很重要，但是一般人也不会天天诵读。普通人每天为了生活奔波，为了前途奋斗，难得有机会亲近自然，居于宁静的山野或者优雅的园林。

如果一个不愁吃穿的家庭，生命的终极目标仍是金钱，不愿追求精神上的诗与远方，不去探索活着的意义，那么这样的家庭肯定会死气沉沉。

远望群山逶迤，斜晖脉脉，或者观看一朵花的开放，一盆竹的新绿，等待种子发芽，兴之所至，吟上几句诗歌。

我们的祖先比我们更亲近诗，他们生活的本质一定跟我们一样，都是为了生存而疲于奔波和劳作，只是表现形式有所不同而已，但是他们的精神起点很高，我们渴望由物质追求走向"诗意地栖居"，他们在极低的生产力环境下，已经"以诗为经"了，不管是坐牛车马车、步行还是劳作，心中常常会回荡起《诗经》里的句子。

在我们宏博的文化宝库中，唐诗、宋词一直都是其中的精粹和瑰宝，让孩子从小养成读诗的习惯，不仅仅能积淀知识，也能养浩然之气、塑高尚人格。

其实，我们大多数人都喜欢传统文化，都喜欢经典，这点我是相信的。但是只要看到一个"经"字便却步，想读一读但是苦于无法理解字句之意，于是便丢在一边作为收藏品保存起来。

碎片化阅读的读者们，阅读速度可谓是一目十行，看过一遍基本上不会再看了，如果让他们去阅读经典，那大多数人会知难而退。

基于这些，我便立足于有趣的诗词普及，写一本让孩子们喜欢读、愿意看、容易学的书籍，用唐诗和宋词把唐朝和宋朝的历史串联起来，抛开枯燥的讲解，丢掉公式化的灌输，用幽默趣味的方式讲述，让诗词更加有温度、历史更加有深度。摆脱一板一眼地写历史、讲诗词，培养孩子的语文素养和文学修养，塑造孩子看诗词、看文学、看历史的大局观，进一步建立大语文观、大文学观、大历史观。

但愿这本书，能让孩子们从此喜欢上历史，更加喜欢诵读诗词；能让大人们也愿意背诵上几句诗词，不只拘束于无穷无尽的生活漩涡之中。那对于我，便是莫大幸运。

谨以此书献给启蒙我无限想象力的奶奶，献给永远支持我的朋友们，献给喜欢诗词和历史的大小朋友。

刘应　西藏
刘威　贵州

2022 年 2 月

# 目　录

傴僂千秋自不磨偃蹇

藝興濠姿四株檜有高低

境一例巖巒分別科全是

游龍圖天矯那須退鵲恨

蹉跎此有磊塊多意未知

復曾中立亭亭

右蘇栻岩檜圖

宋·苏轼　　岩桧图（现藏于故宫博物院）

范仲淹

江上渔者①

江上往来人，
但②爱③鲈④鱼美。
君⑤看一叶舟⑥，
出⑦没⑧风波里。

**文字注释**

① 渔者：捕鱼的人。

② 但：只。

③ 爱：喜欢。

④ 鲈鱼：一种鱼类，生活在近岸浅海，夏秋肉更肥美。

⑤ 君：您，表示尊称。

⑥ 一叶舟：小船漂浮在水上，像一片树叶似的。

⑦ 出没：若隐若现。指一会儿看得见，一会儿看不见。

⑧ 风波：波浪。

## 白话译文 ■

　　江上来来往往的人们，只喜欢鲈鱼的美味。你看那捕鱼的人驾着小船漂浮在水上，像一片树叶似的，在大风大浪中若隐若现。

## 作者档案 ■

| 姓名 | 范仲淹，字希文 | 性格特点 | 人物印象 |
|---|---|---|---|
| 生卒时间 | 989—1052 | 文武兼备、智谋过人，一生公正，为了大宋鞠躬尽瘁。 | 范仲淹的文品和人品在北宋文豪里面均是顶配。他倡导的"先天下之忧而忧，后天下之乐而乐"思想对后世影响深远。 |
| 籍贯 | 苏州吴县（今江苏苏州） | | |
| 身份 | 北宋杰出的政治家、文学家 | | |
| 文学地位 | 文坛大家 | | |
| 别称 | 范文正公 | | |
| 名言名句 | 先天下之忧而忧，后天下之乐而乐。 | | |

雨郭烟村白水環迷
雖紅葉間蒼山恍聞召
口清猨喉艮巘秋光想
像間 御題

宋·趙佶　溪山秋色圖（現藏于台北故宮博物院）

## 创作背景

范仲淹自幼丧父，苦读及第。进入官场后，因秉公直言屡遭贬谪。在外地任职期间，他仍不懈怠，兴修水利，劝课农桑，时不时还给朝廷提出宝贵意见，包括水利、司法、教育、卫生等，涉及北宋内政、国防等各个方面。

他主政苏州期间，为了治理水患，经常实地调研察看水情。有一次，范仲淹见到江中有一叶扁舟在风急浪高的水面若隐若现，感慨万千，写下了这首诗。

## 趣味故事

范仲淹求学期间，孜孜不倦，困了就用凉水洗脸，饿了就喝粥充饥，整天与诗书相伴，经常衣服都不脱就睡觉。

成语"划粥断齑"记录了范仲淹刻苦读书的故事。他每天量好米煮粥，等粥凉了之后，把粥块划成四块，早晚各吃两块，拌上几根腌菜，吃完了之后就继续读书。

有些富家子弟想给范仲淹送一些丰盛的饭菜，改善他的伙食，范仲淹笑着拒绝了："谢谢你的好意，可是我喝粥已经习惯了，如果我接受你这些丰盛的美食，以后我再喝粥就没味道了。"

有一次，皇帝临幸南京，很多平头百姓、文人雅士都争着一睹龙颜。没想到范仲淹却说："迟早有一天，皇帝会主动召见我的，将来再觐见也不晚。"

范仲淹不像有些人那样，只是语言上的巨人、行动上的矮子。困难没有打败他，出身也没有让他怨天尤人，反而孕育了他一颗忧国忧民的报国之心。

## 不懂就问：什么是宋词？

宋词是宋代广泛流行的一种文学体裁，是一种相对于古体诗的新体诗歌。它开始于南朝梁代，形成于唐代，极盛于宋代。宋词句子有长有短，便于歌唱，可以作为合乐的歌词，又叫曲子词、长短句、诗余等。宋词作为文学史上一个阶段的高峰，蕴含了无穷无尽的审美价值和艺术价值。

## 史海拾贝

自从朱温灭了唐朝，五个朝代接连更替，十个国家陆续建立，这段历史时期就是"五代十国"。

五代十国的后周，留下一个七岁的小朋友继承皇位。公元960年，掌握兵权的殿前都点检赵匡胤，在赵普、石守信的协助下，借口北汉和辽会师南下，需北上设防，率军从大梁（今河南）出发。行至陈桥驿，赵普等人授意将士给赵匡胤穿上黄袍，拥立为帝，改国号为宋，宋朝建立。

为了巩固地位，赵匡胤把那些一起造反的将领叫过来喝酒吃饭，席间威胁利诱，解除了他们的兵权，这就是"杯酒释兵权"的故事。

为了避免晚唐藩镇割据和宦官专权乱象，赵匡胤采取"重文抑武"方针，进一步加强中央集权，把将领带兵训练和指挥

宋·佚名　　赤壁图（现藏于台北故宫博物院）

作战两项职能分开，把老弱病残的兵部署在外地，把精兵强将聚在中央。这样一来，宋朝的军队就是文官统帅，平时负责管理军队，武将没有实权，一旦要打仗，就把武将叫过来带兵出征，打完再把军队还给文官。

渔家傲<sup>①</sup>·秋思

塞下秋来风景异<sup>②</sup>，衡阳雁去无留意<sup>③</sup>。

四面边声连角起<sup>④</sup>，千嶂里<sup>⑤</sup>，

长烟落日孤城闭。

浊酒一杯家万里，燕然未勒归无计<sup>⑥</sup>。

羌管悠悠霜满地<sup>⑦</sup><sup>⑧</sup>，人不寐<sup>⑨</sup>，

将军白发征夫泪。

渔家傲[1]·秋思

塞下秋来风景异[2]，衡阳雁去无留意[3]。

四面边声连角起[4]，千嶂里[5]，

长烟落日孤城闭。

浊酒一杯家万里，燕然未勒归无计[6]。

羌管悠悠霜满地[7][8]，人不寐[9]，

将军白发征夫泪。

## 文字注释

① 渔家傲：词牌名，又叫渔歌子、渔父词等。

② 塞下：边界要塞之地，这里指当时的西北边疆。

③ 衡阳雁去：即"雁去衡阳"，为符合格律而倒置。秋季北雁南飞，传说至湖南衡阳城南的回雁峰而止。

④ 边声：边塞特有的声音，如大风、羌笛、马嘶的声音。

⑤ 千嶂：层峦叠嶂。嶂，直立似屏障的山峰。

⑥ 燕然未勒：指战事未平，功名未立。

⑦ 羌管：即羌笛，古代羌族的一种乐器。

⑧ 悠悠：形容声音飘忽不定。

⑨ 不寐：睡不着。寐，睡。

## 白话译文

眼看秋天就要到了，西北边疆的风光和江南风光大不相同。北雁开始南飞，一点也没有停留的意思。此情此景，不禁勾起我们这些戍边人思乡的情绪。黄昏时分，军中号角催吹，大风、羌笛、马嘶等声音也随之而起。崇山峻岭层峦叠嶂，暮霭沉沉，山衔落日，孤零零的城门紧闭。

饮一杯浊酒，想起万里之外的家乡。可是，眼下外患还没平，功不成名不就，又怎么能半途而废。远方传来羌笛的悠悠之声，天气寒冷，军营里早已结满寒霜。夜深了，还不能安睡，旷日持久地守边，操持军计，将军的胡须、头发都变白了。出征的士兵思念亲人，也久久难以成眠，多少次流下了眼泪。

## 创作背景 ▪

宋仁宗康定元年（1040 年），宋与西夏交兵，范仲淹被任命为陕西经略副使兼知延州，担起西北边疆防卫重任。这首词即作于这一时期。

## 趣味故事 ▪

"庆历新政"不到一年就夭折了，范仲淹等一批改革者被逐出京城。离开京城的范仲淹，在其他地方也干得风生水起，他在当地办学校、搞改革，源源不断给北宋朝廷推荐人才。

1046 年，滕子京重修岳阳楼，想请范仲淹写篇记。看完滕子京的信，范仲淹提笔就来："庆历四年春……"这就是闻名天下的《岳阳楼记》。

此文一出，"先天下之忧而忧，后天下之乐而乐"成为了文人士大夫的精神标杆。"不以物喜，不以己悲"，成为了很多人的座右铭。

## 不懂就问：唐宋八大家为什么没有范仲淹? ▪

首先，唐宋八大家是明代一个叫朱右的学者排的，他选韩愈、柳宗元等人的文章编成了《八先生文集》，后来的文学爱好者根据朱右的选编方法，延续了这种排名，从此成了一种惯例。

其次，并不是说，文章写得很厉害的人才能上榜八大家，它的评选标准是唐宋古文运动的中心人物，提倡言之有物的散文。范仲淹虽然也写古文，但是他的成就不如那些古文运动的倡导人物。

最后，并不是说范仲淹没有入选唐宋八大家，就代表他在文坛上地位不高，事实上，范仲淹在北宋文坛上也是声名煊赫，不仅如此，他在政治上的成就更高。

## 史海拾贝

宋太祖赵匡胤还没来得及实现统一全国的梦想，一不小心出了意外，留下了"烛影斧声"的历史疑案。赵光义即位，史称宋太宗。赵光义稳固皇位后，继续推进统一事业，历经五代十国分裂后，中原地区终于又变成了基本统一的国家。

宋真宗上台之后，勤于政事、任用贤臣、减免税赋，北宋由此进入"咸平之治"。但是，大宋真正的麻烦也正式开始。

话说五代十国中的后晋把燕云十六州送给了辽国，被后周抢了一部分回来，宋辽两国从此结下了梁子，辽国常在宋辽交界处抢劫杀掠，后来演变成了大规模的侵宋战争。

大辽皇帝亲自上阵，宋真宗也不甘示弱，决定御驾亲征，两军在一个叫澶州的地方对峙，辽军害怕腹背受敌，提出议和。经过几番交涉，两国议和成功。

两国订立合约：宋辽结成兄弟之国；以白沟河为界，双方撤兵；宋朝每年要给辽国绢二十万匹，白银十万两，还要开放边境贸易。就这样宋辽之间结束了长达25年的战争，史称"澶渊之盟"。

澶渊之盟之后，宋辽两国相安无事近百年，为宋朝赢得了相对和平发展的大好时机，使得宋朝成为商品经济、文化教育、科学创新高度繁荣的时代。

晏殊

浣溪沙①

一曲新词酒一杯②，去年天气旧亭台③。

夕阳西下几时回④？

无可奈何花落去⑤，似曾相识燕归来⑥⑦。

小园香径⑧⑨独徘徊⑩。

## 文字注释

① 浣溪沙：词牌名。

② 一曲新词酒一杯：一曲，一首。因为词是配合音乐唱的，故称曲。新词，刚填好的词，指新歌。酒一杯，一杯酒。

③ 去年天气旧亭台：是说天气、亭台都和去年一样。旧亭台，曾经到过的或熟悉的亭台楼阁。旧，旧时。

④ 几时回：什么时候回来。

⑤ 无可奈何：没有办法。

⑥ 似曾相识：好像曾经认识。形容见过的事物再度出现。

⑦ 燕归来：燕子从南方飞回来。

⑧ 小园香径：花草芳香的小径，或指落花散香的小径。

⑨ 独：副词，用于谓语前，表示独自。

⑩ 徘徊：来回地走。

## 白话译文

听一支新曲，品尝一杯美酒，天气、亭台都和去年一样。西下的夕阳什么时候回来？百花凋零残落实在没有办法，似曾见过的燕子从南方飞回来。（我）独自在花草芳香的小径上走来走去。

## 作者档案

| 姓名 | 晏殊，字同叔 | 性格特点 | 人物印象 |
|---|---|---|---|
| 生卒时间 | 991—1055 | 古代官场危机四伏，很少有人能够在官场中独善其身、全身而退，晏殊算一个。虽然他被贬多次，但是朝廷从未让他去偏远之地任职，这恐怕得益于他对朝廷绝对忠诚的忠厚品质。 | 晏殊不是一个激情主义者，他不喜欢阿谀奉承、见风使舵，也不欺上瞒下、居功自傲。为官多年，晏殊总是低调踏实，以大局为重。 |
| 籍贯 | 抚州临川（今江西） | | |
| 身份 | 北宋政治家、文学家 | | |
| 文学地位 | 婉约派著名词人 | | |
| 别称 | 晏同叔 | | |
| 名言名句 | 无可奈何花落去，似曾相识燕归来。 | | |

## 创作背景

当时的宋朝，经济发达，郊游、写词成为文人士大夫的日常。晏殊正是其中的佼佼者，一时间引领了北宋文化的时尚潮流。

晏殊处理政事有理有据，对于情感有所节制。面对生活的挫折，不如唱一首歌词，饮一杯美酒。看看眼前，依旧是春光明媚，依旧是以前的亭台，一切似乎都是永恒的。一样的歌、一样的酒，只可惜已经不是去年的时光了。

对于生命变幻，晏殊是"无可奈何花落去，似曾相识燕归来"，将一切归结于永恒。即便是无可奈何花落去，但是年年都有燕子归来，而且燕子还带了新孵化的小燕子。他感受到生命不仅有循环，还会有归来。

## 趣味故事

公元 1005 年，大宋举行科举考试。开封的某个考场，考试铃声响起来了，考生们纷纷通过检查有序进入考场。

他们有的两鬓斑白，一看就是多次落榜，心有不甘；有的神色慌张、心神未定，一副还未准备好的样子，等着最后一搏；有的穿着贵气，满脸不屑，似乎胸有成竹。

此时，守卫考场的士兵拦住了一个飞奔而至的十三四岁的少年。

"小孩子到别处玩去，这里不是你来的地方。"士兵大吼道。

"我就是这里的考生，为什么不让我进去？"少年回道。

"小孩，你再这样，我们就要把你请出去了。"

"请看，这是我的'准考证'。"少年向士兵递上一张"准考证"。

"准考证"上很明确写着："抚州临川，晏殊。"

士兵拿着"准考证"仔细查看、反复研究，满脸疑惑地说道："你可以进去了。"

少年进去之后，守卫士兵小声嘀咕道："怎么回事？"

少年拿着"准考证"，气定神闲地坐在自己的位置上参加考试。事实证明，这场考试就是为这个少年准备的。

这个少年才十四岁，他"神童"的人生，从这次考试开始。

### 不懂就问：应天府书院出名吗？

应天府书院在河南商丘，当时为应天府治，因而得名。商丘古称睢阳，亦名睢阳书院。北宋戚同文曾讲学于此，当时称"睢阳学舍"，请益者不绝。睢阳学舍逐渐成为一个学术文化交流与教育中心，但戚同文病逝后，学校曾一度关闭。直到1009年，曹诚在戚同文旧学之地出资三百万金造屋百五十间，聚书千卷，学校才得以恢复。

自从五代以来，天下的学校都被荒废，在晏殊的大力推动下，全国开始兴办教育。在应天府任职期间，晏殊大力邀请范仲淹等名人讲学，并且聘任范仲淹全权主持应天府书院各方面工作。

应天府书院成为北宋有名的高等学府。经过晏殊和范仲淹等人的不懈努力，为北宋王朝的建设输送了一批又一批新鲜血液，这些经世致用的人才为北宋的发展和建设贡献了不可磨灭的力量。

### 史海拾贝

宋朝第一任皇帝是宋太祖赵匡胤，后由弟弟赵光义即位，史称宋太宗。经过几十年的时间，宋朝逐渐稳定下来。

到了第三任皇帝宋真宗继位时，宋朝开始繁荣发展。当时的宋朝，天下太平，那些文人士大夫喜欢游乐宴饮，成为了一种官场时尚。

宋真宗为人真实可爱，对于晏殊，他毫不掩饰自己的喜爱和欣赏。当真宗遇到事情需要咨询时，会与晏殊采取互递纸条的方式沟通。真宗将疑难问题写在小纸条上，让人传给晏殊，晏殊将回答写好，与之前的小纸条一起秘呈皇帝。

担任宰相之后，晏殊特别重视教育，他与范仲淹一起，大力倡导在各地办学，设立官学，这场自上而下的教育改革，被称为"庆历兴学"，这个举措使得北宋的文化繁荣一时。

采桑子①

欧阳修

轻舟短棹②西湖好③，绿水逶迤④⑤⑥。

芳草长堤，隐隐笙歌⑦处处随⑧。

无风水面琉璃滑⑨，不觉船移。

微动涟漪⑩，惊起沙禽掠岸飞⑪。

## 文字注释

① 采桑子：词牌名。

② 轻舟：轻便的小船。

③ 短棹：划船用的小桨。

④ 西湖：指颍州西湖。

⑤ 绿水：清澈的水。

⑥ 逶迤：形容河道弯曲而长。

⑦ 隐隐：隐约。

⑧ 笙歌：指歌唱时有笙管伴奏。

⑨ 琉璃：一种光滑细腻的釉料，多覆在盆、缸、砖瓦的外层。这里喻指水面平静澄碧。

⑩ 涟漪：水的波纹。

⑪ 沙禽：沙洲或沙滩上的水鸟。

## 白话译文

西湖风光好，驾着轻便的小船，划着短桨多么逍遥。碧绿清澈的水绵延不断，长堤上花草散发芳香，隐约传来笙管伴奏的歌声，像是随着船儿在湖上漂荡。

无风的水面光滑得像琉璃一样，不觉得船儿在前进。只看见微微的细浪在船边荡漾。看，被船儿惊起的水鸟，正掠过湖岸飞翔。

## 作者档案

| 姓名 | 欧阳修,字永叔,号醉翁,晚号六一居士 | 性格特点 | 备注 |
|---|---|---|---|
| 生卒时间 | 1007—1072 | 出身贫困,秉性刚直。 | 欧阳修是北宋文坛上的一面旗帜,"诗、词、文"三个方面都可以称得上是大家,令、词在他这里得到了继承和开拓。面对命运无常、生活苦难,欧阳修能在赏爱、悲慨之间,把热爱生活的人生态度注入其中,变伤感、悲哀为振奋精神,成为欧词独有的形态。 |
| 籍贯 | 吉州永丰(今江西吉安) | | |
| 身份 | 北宋史学家、文学家 | | |
| 文学地位 | "唐宋八大家"之一 | | |
| 别称 | 欧阳文忠公 | | |
| 名言名句 | 人生自是有情痴,此恨不关风与月。 | | |

## 创作背景

　　这首词写的是欧阳修泛舟颍州西湖时所见到的美丽景色,全词以轻松淡雅的笔调,描写了春色中的西湖,风景与心情、动感与静态、视觉与听觉互相融合,形成了一道流动的风景。

## 趣味故事

放眼整个宋代文坛，欧阳修的文学成就是相当高的。他喜欢提携后辈，苏轼、苏辙、曾巩都是他的学生。

韩愈的文学理念，在欧阳修这里得到了发扬光大。读到苏轼的诗词，欧阳修惊呼："读苏轼的诗文，出汗了都没发觉，快哉！看来我应该给年轻人让位了。"像个老顽童。

他调侃自己写的文章，多半来自于三个地方：马上、枕上、厕上。

对了，欧阳修还有个特别有趣的别号，叫"六一居士"。这个老顽童解释："我家藏书有一万卷，集录三代以来的金石遗文一千卷，有一张琴，有一局棋，常常备着一壶酒。我一老翁于此五物之间，岂不为'六一'乎？"

## 不懂就问：画荻教子这个典故与欧阳修有关吗？

小时候的欧阳修，长得瘦弱，身体多病。父亲去世后，只剩下他们孤儿寡母。欧阳修的母亲郑氏，出身书香门第，亲自辅导儿子学习。由于家里太穷，母亲就用芦苇秆当笔，在地上一笔一画教欧阳修识文断字，这个典故叫"画荻教子"。

## 史海拾贝

宋真宗当皇帝后，国家太平，经济繁荣，应该很开心，可是他还有一件心事。

什么心事呢？就是四十多岁的他没有儿子，将来的江山不

南唐·顾德谦　莲池水禽图—1（现藏于日本东京国立博物馆）

知道要留给谁。

宋真宗之前生了几个儿子，可是生一个死一个，他的心里非常着急。

后来，李宸妃生了一个儿子，也就是宋仁宗。宋仁宗即位时，才十二岁，本应该是求学的年纪，可是皇家的孩子，一旦与皇位扯上关系，势必与同龄人经历不同。十二岁的宋仁宗就开始学习如何治理国家，承担起治理国家的重任。

这个担子，压在一个十二岁少年的肩上，实在太重了。因此，刘太后开始垂帘听政。

宋仁宗时代，大宋的又一个麻烦就来了。还记得唐朝的黄巢起义吗？当时有一支党项族人军队在拓跋思恭的带领下勤王，攻打黄巢，唐朝皇帝在西北给他们划了一块地盘——夏州，后来他们自己建立了西夏政权。大宋派军队去收复西夏，没想到屡战屡败，只得每年给人家一笔钱。

所以，当时的局面是西夏、辽、宋三足鼎立。

梅 花

王安石

墙角数枝梅，

凌寒①独自开。

遥②知③不是雪，

为④有暗香⑤来。

**文字注释**

① 凌寒：冒着严寒。

② 遥：远远地。

③ 知：知道。

④ 为：因为。

⑤ 暗香：指梅花的幽香。

**白话译文**

　　墙角的几枝梅花，冒着严寒独自盛开。为什么远远看去就知道洁白的是梅花而不是雪呢？因为梅花隐隐传来阵阵的幽香。

## 作者档案

| 姓名 | 王安石，字介甫，号半山 | 性格特点 | 人物印象 |
|---|---|---|---|
| 生卒时间 | 1021—1086 | 敏而好学，性格执拗，历来毁誉参半。 | 王安石为了北宋的国富民强呕心沥血，掀起了轰轰烈烈的王安石变法，是不可多得的值得尊敬的政治家。他在诗、文、词方面都有杰出的成就，有力推动了诗文革新运动，对扫除宋初风靡一时的浮华余风做出了贡献。 |
| 籍贯 | 江西临川（今江西抚州） | | |
| 身份 | 北宋政治家、文学家、思想家 | | |
| 文学地位 | "唐宋八大家"之一 | | |
| 别称 | 王文公、荆公、临川先生 | | |
| 名言名句 | 遥知不是雪，为有暗香来。 | | |

## 创作背景

宋神宗熙宁元年（1068），王安石顶住朝廷内外的各种压力，掀起了一场轰轰烈烈的改革运动，主张富国强兵，减轻农民负担。王安石为了北宋的国富民强而呕心沥血，那些反对派却利用这次改革，从中谋取利益，残害百姓。

熙宁七年（1074）春，天下大旱，老百姓流离失所。王安石两度被罢相，心灰意冷，退居钟山。此时，王安石的艰难处境与傲雪凌霜的梅花有着共通的地方，因此写了这首诗。

## 趣味故事

王安石有时不在乎自己的饮食和仪表，衣服肮脏，须发纷乱，看着不像个读书人，反而像个囚犯或奔丧的人。庆历五年（1045），王安石成为知府韩琦的幕僚。他经常通宵达旦读书，来不及梳洗打扮就去当差。韩琦以为王安石夜夜都在寻欢作乐，就劝他不要荒废读书。王安石也不作辩解，后来两人相处久了，韩琦才发现王安石特别有才华，只是平时没有把心思放在穿衣打扮上。

## 不懂就问：北宋有哪些渠道可以当官？

宋仁宗庆历年间，官僚队伍庞大，朝廷的行政效率低下，老百姓生活困苦。宋朝的冗官现象严重，主要是当官的渠道有很多，第一，可以参加北宋统一的科举考试，这种是最正统的，考上了便能走上仕途；第二，朝中官员引荐；第三，有买官卖官现象。因为第二、第三两种途径，导致官员太多，素质参差不齐。

范仲淹在西北边事稍宁后被召回朝，他极其痛恨那些贪官污吏，誓要澄清吏治，洋洋洒洒写了十项改革方针交给宋仁宗，得到宋仁宗的支持。范仲淹的操作稳准狠，第一，不干活的官吏全部清理；第二，赶紧让老百姓的钱包鼓起来。

每次看到北宋官员的调查报告，范仲淹都批示把这些贪官革职。有人就说："范大人啊，你把贪官的名字抹掉，他们一家人都得哭。"

范仲淹霸气回复："一家人哭总比一个地方哭要好。"

## 史海拾贝

宋朝立国以来，皇帝为了削弱官员的权力，实行一职多官，再加上大兴科举，还推行了恩荫制，简单来说，就是上辈人对朝廷有功劳，就给予下辈入学任官的待遇，这样一来，人们做官的渠道就很多，导致宋朝的官僚机构臃肿庞大，这叫"冗官"。

为了抵御北方民族南侵，宋朝养了很多兵，这些兵虽然多但不精，形成了庞大的军事体系，这叫"冗兵"。

军队、官员越来越多，朝廷的财政开支逐年增加，入不敷出，发明了形式多样的苛捐杂税，这叫"冗费"。三者紧密地联系在一起，造成了北宋积贫积弱的局面。

不仅如此，大辽和西夏一直虎视眈眈，威胁着北方和西北边疆，朝廷虽然每年耗费巨资打仗，但都以失败而告终。以范仲淹为首的改革派推行的"庆历新政"，不久就失败了，宋朝严重的阶级矛盾和民族矛盾并未缓和，积贫积弱的局面仍在发展。

# 元日①

爆竹②声中一岁除③，
春风送暖入屠苏④。
千门万户⑤瞳瞳⑥日，
总把新桃换旧符⑦。

## 文字注释

① 元日：农历正月初一。

② 爆竹：古人烧竹子时爆裂发出的响声，主要用来驱鬼避邪，后来演变成放鞭炮。

③ 一岁除：一年已经过去。除，逝去。

④ 屠苏：这里指一种酒，根据古代风俗，常在元日饮用。

⑤ 千门万户：形容门户众多，人口稠密。

⑥ 瞳瞳：形容太阳出来后天色渐亮的样子。

⑦ 新桃换旧符：用新桃符换下旧桃符。桃符是古代新年时悬挂于大门上的辟邪门饰，春联的前身。

## 白话译文

在阵阵轰鸣的爆竹声中，旧的一年已经过去。和暖的春风吹来了新年，人们欢乐地畅饮着新酿的屠苏酒。光亮温暖的太阳照耀着千家万户，人们都忙着把旧的桃符取下来，换上新的桃符。

## 创作背景

此诗作于诗人初拜相而始行新政之时。1068 年，王安石上书主张变法，次年主持变法，同年新年，王安石看见家家户户都在忙着准备过春节，联想到变法开始的新气象，有感而发写了这首诗。

## 趣味故事

王安石的性格执拗，谁劝他都没用，人们称呼他为"拗相公"。有一次，晏殊请大家吃完饭后，单独把王安石留下，有意提携这位同乡，晏殊对他说，你做人做事不要那么"拗"，要圆滑一些，才能更好地适应官场。

如果换作是别人，肯定想攀附上晏殊这个宰相，可是王安石并没有这样做，他的"拗"是刚正不阿、坚持己见。

道成不怕丹梯峻
髓實常教石榻寒
不戀世間名與貴
長生自得一元丹

明主剖榮為壽

宋·马远　松寿图（现藏于辽宁省博物馆）

## 不懂就问：词与音乐有关吗？

宋词最初来自民间，因为词经常与乐曲合在一起，所以又叫"曲子词"。隋朝时期，中原的本土音乐与少数民族的音乐混合形成了一种新音乐，叫"燕乐"。这种音乐经常在宴会上演出，所以又叫"宴乐"。这种音乐产生之后，人们很快发现，之前的五言、七言古诗难以满足这种需要，有人就开始创新作词，先是从民间开始，后来很多文人也加入了这个队伍。

## 史海拾贝

宋仁宗赵祯死后，养子赵曙继位，史称宋英宗。宋英宗多病，亲政半个月就爆发了"濮议事件"，简单说来就是争论宋英宗生父的名分问题，持续 18 个月。

宋英宗继续任用前朝能臣，大胆挖掘新人，算是一位比较有为的皇帝。即便这样，宋英宗去世后，长子赵顼继位，史称宋神宗，摆在宋神宗面前的，还是一个烂摊子。宋朝发展 40 年，积贫积弱已经初见端倪，阶级矛盾和民族矛盾交织发展，冗官、冗兵、冗费等现象层出不穷，国库里没钱，拿什么治国强军？

当时的有识之士，纷纷献策，企图通过自上而下的变革，来扭转积贫积弱的局面。宋神宗继位之后，下定决心要励精图治、改革变法。宰相王安石觉得大宋的制度存在严重问题，必须要改革，于是王安石变法拉开了序幕。

宋神宗最著名的事迹，就是用一生支持了王安石变法。

书湖阴先生壁①②

茅檐长扫净无苔③④，
花木成畦手自栽⑤。
一水护田将绿绕⑥，
两山排闼送青来⑦⑧。

## 文字注释

① 书：书写，题诗。

② 湖阴先生：杨骥(字德逢)的别号。杨骥是王安石退居江宁(今江苏南京)时的邻居。

③ 茅檐：茅屋檐下，这里指庭院。

④ 无苔：没有青苔。

⑤ 畦：这里指种有花木的一块块排列整齐的土地，周围有土埂围着。

⑥ 护田：护卫环绕着园田。

⑦ 排闼：推开门。闼，小门。

⑧ 送青来：送来绿色。

## 白话译文

茅草房庭院由于经常打扫，洁净得没有青苔。花草树木修整成一块一块的田地，这都是主人亲手栽种的。庭院外一条小河环绕护卫着园田，两座青山推开门，送来青翠的山色。

## 创作背景

改革派代表人物王安石6年内被罢免宰相两次，宋神宗熙宁九年（1076），王安石被两次罢相后，退居江宁。后来保守派得势，新法全部被废，王安石在金陵郊外的半山园居住长达10年，这段时间里，王安石与隐居的杨德逢交往甚密。

## 趣味故事

公元1067年，宋神宗赵顼继位后，王安石迎来了人生的转机。一个是有着雄心壮志的少年君王，一个是具有富国安民才能的贤臣。宋神宗坚信，王安石就是那个力挽狂澜的改革者，可以改变北宋积贫积弱的局面。

宋神宗先是任命王安石为参知政事，第二年又拜他为相，并让他全面主持变法运动。王安石不负神宗厚望，在北宋的舞台上，大刀阔斧地进行改革，掀开了那场旨在改变宋朝积贫积弱局面的改革运动——王安石变法。

### 不懂就问：唐诗和宋词的区别是什么？

从总体风格上看，诗主要是言志，用来表达诗人的理想和志向；词主要是言情，用来表达词人的内心情感。当然，有的诗也可以言情，有的词也可以言志。

从形式上看，宋词有词牌名，唐诗没有。词牌名用来规定一首词的音律，有固定的平仄和格式，不能随意改变。宋词可以分段，唐诗不用。宋词句子可长可短，更加方便作曲演奏，唐诗句子比较整齐。

### 史海拾贝

改革也需要契机，胸怀大志的王安石遇到了颇有理想的宋神宗，宋神宗久慕王安石之名，决定起用王安石进行改革，希望他能改变北宋积贫积弱的局面，消除统治危机。

王安石变法涉及政治、经济、军事各个方面。比如，针对冗兵问题，王安石推行了保甲法、保马法、将兵法，简单来说就是裁掉多余的兵力，士兵五十岁后必须退役，留下的士兵加强锻炼，提高战斗力和军队整体素质，也改革了军队用马的情况。

王安石非常关注人才的选拔、培养和任用，针对冗官问题，他改革科举制度，整顿太学，唯才用人；颁布贡举法，废除明经科，重点选拔具有经纶济世之志和真才实学的人；设置武学、医学、律学专科学校，培养专门人才；重视对中下级官员的提拔和任用。

至于冗费问题，那就想办法不断充实国库。推行青苗法、农田水利法、免役法、市易法等新法。在每年 2 月、5 月青黄不接时，由官府给农民贷款、贷粮，限制高利贷对农民的剥削；鼓励垦荒，兴修水利；限制大商人对市场的控制，稳定物价，促进商品交流。这些措施大大增加了政府的财政收入。

归结起来，王安石变法的核心就是富国强兵，要想强兵，国家就得先富起来，要想富起来，必须学会理财。

泊船瓜洲①②

京口瓜洲一水间，③④

钟山只隔数重山。⑤

春风又绿江南岸，⑥

明月何时照我还。⑦

**文字注释**

① 泊船：将船停泊靠岸。

② 瓜洲：在今江苏扬州一带，位于长江北岸。

③ 京口：今江苏镇江。

④ 一水间：指一水相隔。一水，这里指长江。古人除将黄河特称为河，长江特称为江之外，大多数情况下称河流为水。

⑤ 钟山：今江苏南京紫金山。

⑥ 绿：吹绿，拂绿。

⑦ 还：回。

## 白话译文

京口和瓜洲之间只隔着一条长江，我所居住的钟山隐没在几座山峦的后面。暖和的春风又一次吹绿了长江南岸，明月什么时候才能照着我回到家乡？

## 创作背景

这首诗写于王安石晚年，但具体的写作时间长期以来都有争议。据记载，王安石写这首诗时，"春风又绿江南岸"的"绿"字，想了很久，先后用了"到、过、入、满"等十多个字，都不满意，最后才选定"绿"字。"绿"字是一个表示颜色的形容词，从视觉角度描写，既见到春风的到来，又表现出春风到来之后江南水乡一派生机，给人以强烈的美的感受。

## 趣味故事

王安石在地方做官时，体恤民情，为地方除弊兴利，颇有政绩。朝廷见他地方官做得不错，想召他去京城做官，但都被王安石拒绝了。在他看来，京官固然好，但很多都是中看不中用的"绣花枕头"，他做官是为了干一些实事，而不是争名逐利。

## 不懂就问：王安石写词吗？

王安石是宋代的文学家和政治家，也是苏轼等人的老师。

迎風呈巧媚
浥露逞紅妍

宋·马远　倚云仙杏图（现藏于台北故宫博物院）

他也写词，只是比起写诗他词写得少。他的诗对语言的锤炼相当讲究，善于不留痕迹地化用前人的词汇和意象。比如这首诗中的"春风又绿江南岸"的"绿"字，他改了很多次才决定下来，从而证明了王安石遣词造句十分讲究。

## 史海拾贝

王安石变法主要围绕富国、富民、强兵三方面展开，这三件事看起来好像比较容易，但是执行起来却无比困难。

比如青苗法虽然给百姓提供便利，增加了财政收入，但是强制农民借贷，利息偏高，农民还不起，又去借高利贷来填补窟窿，最后苦不堪言，只能破产。

王安石变法的初衷是好的，但由于用人不利及执行出现偏差，变法产生了一些负面影响，而且变法触犯了保守派的利益，遭到保守派的反对，反对最激烈的就是司马光。没错，就是我们耳熟能详的砸缸的那个司马光。

保守派和改革派围绕新政的执行上引发了一场党争，保守派有很多影响力强的人，比如司马光、欧阳修、苏轼等。

双方水火不容，互相攻击，到最后发展到只要是一方支持的，另一方就反对，这已经不是对错之分了，而是纯粹的抬杠。

到最后，因为执行不力，操之过急，用人不当，敌人太多等原因，变法越来越难，王安石不得不辞官隐居，远离政治。

晚年的王安石，跟一些之前的政敌慢慢和解，他们不谈政治，只聊文学，关系反而融洽了不少。

## 登飞来峰①

飞来山上千寻塔②，

闻说鸡鸣见日升③。

不畏浮云遮望眼④⑤，

自缘身在最高层⑥。

**文字注释**

① 飞来峰：即浙江绍兴城外的宝林山，唐宋时其上有应天塔，故又俗称"塔山"，古代传说此山自琅琊郡东武（今山东诸城）飞来。

② 千寻塔：很高很高的塔。寻，古代长度单位。八尺（一说七尺）为一寻。

③ 闻说：听说。

④ 浮云：在山间浮动的云雾。

⑤ 望眼：视线。

⑥ 缘：因为。

## 白话译文

　　飞来峰峰顶有一座高耸入云的塔，听说鸡鸣时分可以看见旭日升起。不怕山间浮动的云雾遮住我远眺的视线，只因为我站在塔的最高处。

## 创作背景

　　这首诗是王安石初次踏入北宋官场的作品，此时的王安石只有三十来岁，对大宋的未来充满了希望，抱负不凡。有一次，王安石途径杭州，恰好借登飞来峰一抒胸臆，表达宽阔的情怀。

## 趣味故事

　　改革是一项浩大的工程，为此，王安石做了充分准备，他在全国范围推行青苗法、免役法、农田水利法、保甲法、方田均税法等一系列新法。这些新法触犯了一些当权者的利益，遭到他们的强烈反对。

　　面对种种压力，王安石坚如磐石，正是在他的坚持下，一定程度上改变了北宋积贫积弱的局面，充实了国库，提高了军队战斗力，初步取得了"富国强兵"的效果。

宋·巨然　溪山兰若图（现藏于美国克利夫兰博物馆）

## 不懂就问：什么是"唐宋八大家"？

"唐宋八大家"是指唐代柳宗元、韩愈和宋代欧阳修、苏洵、苏轼、苏辙、王安石、曾巩八位散文家的合称。其中韩愈、柳宗元是唐代古文运动的领军人物，欧阳修、"三苏"（苏轼、苏辙、苏洵）四人是宋代古文运动的核心人物，王安石、曾巩是临川文学的代表人物。

## 史海拾贝

王安石的变法，虽然有一些或大或小的弊端，但富国强兵的效果十分显著。

一方面，王安石推行的一系列财政新法，使得朝廷财政收入增加，国库积蓄了可以供朝廷 20 年财政支出的财富，改变了北宋"积贫"的局面。社会经济得到发展，呈现繁荣景象，老百姓的负担得以减轻。

另一方面，朝廷建立了全国性的军事储备，提高了军队士兵素质，改变了兵将分离的局面，加强了军队战斗力，扭转了西北边防长期以来屡战屡败的被动局面，积弱局面得以缓解。

王观

卜算子·送鲍浩然之浙东①②

水是眼波横③，山是眉峰聚④。

欲问行人去那边⑤⑥？眉眼盈盈处⑦。

才始送春归⑧，又送君归去。

若到江南赶上春，千万和春住。

## 文字注释

① 卜算子：词牌名。

② 鲍浩然：生平不详，王观的朋友。

③ 水是眼波横：水像美人流动的眼波。

④ 山是眉峰聚：山如美人蹙起的眉毛。

⑤ 欲：想，想要。

⑥ 行人：指鲍浩然。

⑦ 眉眼盈盈处：山水交汇的地方。盈盈，仪态美好的样子。

⑧ 才始：方才。

## 白话译文

　　水像美人流动的眼波，山像美人蹙起的眉毛。想问好朋友鲍浩然要去哪里？去那山水交汇的地方。刚送走了春天，又要送你回去。假如你到江南还能赶上春天的话，一定要把春天的景色留住。

## 作者档案

| 姓名 | 王观，字通叟，号逐客 | 性格特点 | 人物印象 |
|---|---|---|---|
| 生卒时间 | 1035—1100 | 少负才名，恃才傲物，有些郁郁不得志的情怀。 | 王观词的内容比较单薄，境界不够宽阔，但是构思新颖，有一定的艺术特色，特别是《卜算子》这首词以水喻眼波，以山指眉峰，设喻巧妙，又语带双关，妙趣横生，堪称杰作。 |
| 籍贯 | 泰州如皋（今江苏如皋） | | |
| 身份 | 北宋词人 | | |
| 文学地位 | 与秦观并称"二观" | | |
| 别称 | 王冠柳 | | |
| 名言名句 | 水是眼波横，山是眉峰聚。 | | |

## 创作背景

春末时节，王观送别好朋友鲍浩然，自己想回家却不能回，羁旅之愁难以释怀，但是依旧衷心祝愿好友，希望他能留住春光。王观的这首词，想象奇特，比喻巧妙，读来耐人寻味，新颖雅致，不落俗套。

## 趣味故事

据说，王观当官时，写了一篇《扬州赋》，宋神宗特别喜欢，对他大加褒赏。之后，王观奉诏写了一首《清平乐》，主要描写宫廷里的生活。当时高太后对王安石变法不满，认为王观是王安石的门生，就以《清平乐》亵渎了宋神宗的威名为由，将王观罢官了。这件事后，王观便自号"逐客"，成为一介布衣。

## 不懂就问：宋代文人不写诗吗？

宋代也有写诗的人，只是没有盛唐那样群星璀璨，不能说宋诗之中没有写得好的，只能说宋诗整体上的影响力不如唐诗。虽然宋诗没有唐诗那么出名，但是它的文学价值也很高，王安石、苏轼、杨万里等人都写过诗。。

## 史海拾贝

王安石被罢官后，宋神宗继续进行改革，称"元丰改制"。随着大宋国力逐渐增强，宋神宗把目光转移到外患上，决心消灭西夏，前期取得胜利，后期西夏发生政变，宋朝惨败，宋神宗也因此一病不起。

宋神宗死的时候，他的儿子还小，高太后垂帘听政，对刚登基的宋哲宗赵煦严加管控。

高太后不喜欢王安石变法，就换了个保守派成员司马光当宰相。司马光一上任就把王安石的新法废除得一干二净，全面恢复旧法。

高太后很喜欢司马光，对宋哲宗很是冷淡。与高太后完全相反，宋哲宗贬斥旧党，任用新党，两人引发了严重的新旧党争，新旧党派开始轮番主导朝政。

高太后虽然保守，但是个优秀的管理者，这个时期的大宋，社会稳定，经济繁荣。

苏轼

饮湖上初晴后雨①

水光潋滟②晴方好③，
山色空蒙④雨亦奇⑤⑥。
欲把西湖比西子⑦，
淡妆浓抹总相宜⑧。

**文字注释**

① 饮湖上：在西湖的船上饮酒。

② 潋滟：波光闪动的样子。

③ 方：正。

④ 空蒙：迷茫缥缈的样子。

⑤ 亦：也。

⑥ 奇：奇妙。

⑦ 西子：西施，春秋时代越国的美女。

⑧ 总相宜：总是很合适，十分自然。

## 白话译文

　　天晴气朗时的西湖，水波荡漾、波光闪动，显得很美。细雨迷蒙的西湖，山色空灵似有似无，很是奇妙。如果把美丽的西湖比作绝代佳人西施，无论浓妆还是淡抹，都十分美丽。

## 作者档案

| 姓名 | 苏轼，字子瞻，号东坡居士 | 性格特点 | 人物印象 |
|---|---|---|---|
| 生卒时间 | 1037—1101 | 性格豪迈潇洒，旷达有趣，他在政治上的凛然正气，与他文学创作中表现出来的浩然正气互为表里，这份正气，使得他的词作迈入文化高峰。 | 苏轼一生风雨，却依旧泰然处之，把别人眼中的苟且，活成了潇洒诗意的人生，所到之处，皆有鲜花为他盛开、清风为他自来。 |
| 籍贯 | 眉州眉山（今四川） | | |
| 身份 | 北宋文学家、书画家、美食家 | | |
| 文学地位 | 北宋乃至文学史上全才式的艺术巨匠 | | |
| 别称 | 苏仙 | | |
| 名言名句 | 竹杖芒鞋轻胜马，谁怕？一蓑烟雨任平生。 | | |

## 创作背景

　　苏轼于宋神宗熙宁四年至七年（1071—1074）任杭州通判，曾写下大量有关西湖景物的诗。这首诗是非常有名的一首，我们一想到西湖，就会本能地想到这首诗，读这首诗，感觉苏轼把杭州当成家乡一样向别人推荐。

## 趣味故事

　　苏轼因为反对王安石新法被排挤出朝廷，任杭州通判，算是地方"二把手"。杭州这个地方气候特殊，夏天或者秋天，要么是大旱，要么是阴雨连绵，妨害农时。深入民间了解疾苦的苏轼，深知兴修水利的重要性。

　　他作为通判负责统筹和安排钱塘六井的治理工程，但这项工程不是十分坚固，后来废坏。苏轼二次到杭州为官，再次筹划整治水利，上书朝廷，从养鱼、饮水、灌溉、助航、酿酒等方面详细列举了西湖不可荒废的理由。经过他的整治，一条长堤破湖而出，夹道杂植芙蓉、杨柳，运河疏通，杨柳夹岸，艳桃灼灼，美轮美奂。

## 不懂就问：苏轼的名字是怎么来的？

　　苏轼的名字是父亲苏洵起的。轼是车子前面的一根横梁，仅供坐车的人在颠簸时扶上一把，类似于汽车的内置把手，对于车而言，这根横梁可有可无。

　　在父亲看来，车轮、车辐、车盖和车轸（车后的横木），都是车子的重要组成部分。而轼只是车前用作搭手的横木，没有它，虽然卖相会难看一点，但不影响使用。

苏轼从小生性旷达，父亲告诫他要像轼那样放低身段，在今后的人生中不要太锋芒毕露、显山露水，要学会内藏于心、低调含蓄。

## 史海拾贝

苏轼一生经历了宋仁宗、宋英宗、宋神宗、宋哲宗、宋徽宗五朝，官至正三品大员，仅次于宰相，他一生担任过三十多个官职，足迹踏遍了大半个中国。

宋英宗在做藩王时就听过苏轼的才名，想用唐朝旧例召他进翰林院任职知制诰，专门负责议定朝廷大政方针，这是晋升宰相的必历职位。

宰相韩琦说："苏轼的才能，将来自然是要担当天下大任的。朝廷要培养他，就要使天下的士人都敬畏佩服他，然后再召来加以重用，这样就不会有人反对了。如果现在突然重用他，天下的士人未必以为是对的，这样会使他受到牵累。"

宋英宗说："那现在姑且给他修注这个职位怎么样？"

韩琦说："这两个职位相似，都很重要，不可贸然授予。不如在馆阁中为他安排一个职务，而且请召来考试。"

就这样，苏轼得以进入史馆任职。

赠刘景文①

荷尽已无擎雨盖，②③④
菊残犹有傲霜枝。⑤⑥⑦
一年好景君须记，⑧⑨
最是橙黄橘绿时。⑩

**文字注释**

① 刘景文：诗人的好朋友刘季孙，字景文，善于写诗，当时驻杭州。苏轼视他为国士，曾经上表推荐，两人以诗歌唱酬往来。

② 荷尽：荷花枯萎，残败凋谢。

③ 擎：举，向上托。

④ 雨盖：旧称雨伞，诗中比喻荷叶舒展的样子。

⑤ 菊残：菊花凋谢。

⑥ 犹：仍然。

⑦ 傲霜：不怕霜冻寒冷，形容坚强不屈。

⑧ 君：对对方的尊称，相当于"您"。

⑨ 须记：一定要记住。

⑩ 橙黄橘绿时：指橙子发黄、橘子将黄犹绿的时候，指秋末冬初。

## 白话译文

荷花已经残败凋谢，连那托着雨的荷叶也枯萎了，那开败了菊花的花枝还在傲寒斗霜。一年中最好的景致你一定要记住，那就是在橙子金黄、橘子将黄犹绿的秋末冬初的时节啊。

## 创作背景

这首诗是苏轼在宋哲宗元祐五年（1090）任杭州太守时所作。苏轼在杭州见刘景文时，刘景文已经五十八岁。因为苏轼的竭力保举，刘景文才得到小小升迁。没想到才过了2年，刘景文就死了，苏轼对刘景文一生坎坷的遭遇很有感触，写了这首诗。

## 趣味故事

苏轼第二次到任杭州，就遇到瘟疫流行，一时之间，大街小巷随处可见求医问药的穷苦百姓。经过慎重考虑，苏轼决定募捐筹办一家医馆，他开始变卖家财作为启动资金，同时号召城里的有钱人捐款。

通过募捐，资金到位，医馆建立起来了，叫安乐坊。这是一个用简易方式搭建的应急医馆，收留了很多病人。贫困、老迈和残疾者均可在这里免费得到治疗。

苏轼懂医药，他曾和科学家沈括一起编过《苏沈良方》。在开设安乐坊的同时，他自费购买了大批药材，配制成一种名为"圣散子"的药剂，命人在街头架起大锅熬煎，免费发放给老百姓。通过隔离病人，集中救治，苏轼挽救了很多人的生命，杭州疫情得到缓解。

### 不懂就问：什么是制科考试？

制科考试跟进士考试不一样，进士考试 3 年一期，招生比较多；制科考试不定期，而且程序特别繁琐。参加制科考试，必须事先得到朝中大臣的推荐，考试之前还要参加预试，通过之后才能参加由皇帝亲自出题的考试。

制科考试分为五等，一等和二等的标准特别高，一般人达不到，等同虚设，并不真正录取人，一般情况下，录取的考生入第四等，落榜的考生入第五等。。

制科考试要写六篇策论，苏轼参加制科考试时，文思泉涌，条理清晰，估计别人还在审题时，他已经飞速下笔了。皇帝十分赏识苏轼的才华，亲自点苏轼的文章为第三等。

宋朝从采取制科考试开始，到苏轼参加制科考试这一百多年的时间里面，只出了一个第三等，这个人叫吴育。百年以来，苏轼是入第三等第一人。

**史海拾贝**

宋神宗登基后，任用王安石实行改革，力图自强。改革的序幕刚刚拉开，就引起了激烈的争论。

争论者一方是主张变法的新党，一方是反对变法的旧党，两方拉开政见之争，谁也不服谁。苏轼没有站在王安石那一边，他是反对派，但这并不是说苏轼不提倡改革变法。苏轼认为宋朝苟安已久，机体已朽，表面上太平，其实没有治平之实，解决这些弊端，要通过变法，变法之要，在于外要抵侮、内要任人。

在苏轼看来，当时的国家犹如患了疾病的病人，虽然患疾已久，但是要慢慢医治，对症下药。改革不在于时间早晚、法令好坏，而要充分考虑改革条件是否具备，进行改革变法之前要将官场做一番整顿，不然再好的法令也无济于事。

惠崇春江晚景①

竹外桃花三两枝，

春江水暖鸭先知。

蒌蒿②满地芦芽③短，

正是河豚④欲上⑤时。

**文字注释**

① 惠崇春江晚景：惠崇是北宋名僧，能诗善画。这首诗是苏轼为惠崇的画作《春江晚景》所写的题画诗。

② 蒌蒿：草名，有青蒿、白蒿等品种。

③ 芦芽：芦苇的嫩芽。

④ 河豚：一种肉味鲜美的鱼，有毒性。

⑤ 上：指逆江而上。

## 白话译文

竹林外的两三枝桃花初放，鸭子在水中游戏，它们最先感觉到了初春江水的温暖。河滩上已经满是蒌蒿，芦苇开始抽芽，河豚此时正要逆流而上，从大海回游到江河里来了。

## 创作背景

这首诗是苏轼于神宗元丰八年（1085）在汴京（今河南开封），为惠崇所绘的《春江晚景》所写的题画诗。

## 趣味故事

苏轼一出场，便惊艳了整个北宋，连当时的文学大咖欧阳修也发出感叹："30年后没有人会谈起我了。"

也许有人会反驳，我要是有苏轼的天赋，也可青史留名，也能一鸣惊人。世上的种种成功，没有任何一种是不劳而获，唾手可得的。苏轼的成就，更多是源于他后天的努力。

他说："古之成大事者，不惟有超世之才，亦必有坚忍不拔之志。"他不仅是这样说，也是这么做的，而且他做到了。

比普通人有天赋、优秀的人，竟然比普通人还要勤奋努力。不必怀疑努力是否有用，人生没有白走的路，哪怕走的是弯路，也比在原地踏步强。

## 不懂就问：苏轼到底长什么样子？

苏辙曾经说过"颀然仲与叔"，可以看出，两兄弟都属于

宋·惠崇　　雁图（现藏于日本东京国立博物馆）

高身材。身材颀长、个子高大是苏轼给人的第一印象。游走于苏门的孔武仲说"紫瞳烨烨双秀眉"。由此推想，苏轼不是浓眉而是淡眉，他的目光炯炯有神。眉疏目朗、淡眉有神是苏轼给人的第二印象。苏轼的颧骨比较高，脸部略呈上宽下窄状。颧骨高耸，两颊清瘦是苏轼给人的第三印象。苏轼曾经笑秦观多髯，可见他本人的胡须并不茂密。米芾说苏轼"玉立如山老健身"，可以知道他体形修长匀称。胡须稀疏、体型匀称是苏轼给人的第四印象。

这样一来，苏轼的形貌就可以想象了。

## 史海拾贝

王安石在变法时，想在舆论上统一大家的思想，带领一批年轻人对古代的经史子集重新进行阐释，而且把他们阐释的东西作为大宋科举考试的标准答案。苏轼很反感这个做法，就写一些文章，发表一些见解来反对。

鉴于苏轼在当时文人中的影响力和知名度，王安石想方设法把这个影响降到最低。宋神宗一直很赏识苏轼，想提拔他到自己的身边做官。王安石当时是宰相，他认为如果苏轼来到皇帝身边，就会近水楼台先得月，他的变法就很难推行下去。

王安石一党不断向皇帝进言，那些改革派就开始攻击苏轼，一来二去，宋神宗对苏轼的印象逐渐打折扣。

时间一长，苏轼觉得再待下去境况会更糟，弄不好还可能引火烧身，不如为老百姓做点实实在在的事，于是自请外任。

题西林壁①

横看成岭侧成峰，②

远近高低各不同。③

不识庐山真面目，④⑤

只缘身在此山中。⑥⑦

**文字注释**

① 题西林壁：写在西林寺的墙壁上。题，书写，题写。西林，西林寺，在今江西庐山脚下。

② 横看：庐山本来是南北走向，横看就是从东西面看。

③ 各不同：各不相同。

④ 不识：不能认识、辨别。

⑤ 真面目：指庐山真实的景色、形状。

⑥ 缘：因为。

⑦ 此山：这座山，指庐山。

## 白话译文

从正面、侧面看，庐山的山岭连绵起伏、山峰耸立；从远处、近处、高处、低处看，庐山呈现各种不同的样子。我之所以认不清庐山真正的面目，是因为我身处在庐山之中。

## 创作背景

宋神宗元丰七年（1084），神宗认为苏轼虽被贬斥在外反省过错，但人才实在难得，不忍心终身摒弃，决定派遣苏轼到河南汝州任职，官职不变、品级不动，依旧是团练副使。苏轼赴汝州时经过九江，与朋友参寥同游庐山，写了这首诗。

## 趣味故事

苏轼调任湖州知州，上表向皇帝谢恩，旨在感谢皇上和朝廷的栽培，然后讲一讲自己的计划，最后再表表态，原本是没什么的。

苏轼在上表中发了几句牢骚，当时的御史何正臣等人摘取这些话，并且引申附会、添油加醋，认为苏轼这些话暗藏讽刺朝政之意，随后又牵连出大量苏轼诗文为证，指出有的诗在诽谤皇帝，就把他逮捕关进御史台监狱，想处死苏轼。宋神宗怜惜苏轼，把他安置为黄州团练副使。

宋·巨然　湖山春晓图（现藏于故宫博物院）

## 不懂就问："乌台诗案"真相是什么？

乌台就是御史台。西汉的时候，御史府庭院里面种有柏树，乌鸦经常盘踞在柏树上面，因此叫作柏台，或者是乌台。

既然叫"乌台诗案"，那么肯定与御史有关，与诗有关。其实苏轼的一些诗文，确实有抨击新法的倾向。诗文的意象，有时候模棱两可，谁都说不清楚到底表达的是什么意思，加上此时新法一党看不惯苏轼，苏轼的名气又大、声望也高，自然少不了一些胡编乱造、歪曲诬陷。

这个案件的处理结果是，苏轼被贬黄州，任职黄州团练副使。

## 史海拾贝

熙宁四年（1071），王安石想改变科举制度，宋神宗对这件事心存疑虑，让官员们讨论这件事。

苏轼呈上奏议，宋神宗看了苏轼的建议，幡然明了。

宋神宗当天就召见苏轼，他对宋神宗说道："我私下认为，皇上追求天下安定的局面太过于急切，听取大臣的意见太过广泛，录用人才也太过急促，希望陛下能够安下心来，静静等待真正有才之士到来，然后再量才而用。"

宋神宗听了苏轼的话之后，说道："你的话有些道理，我应该仔细思考。"

六月二十七日望湖楼醉书①②③

黑云翻墨未遮山，④⑤

白雨跳珠乱入船。⑥⑦

卷地风来忽吹散，⑧⑨

望湖楼下水如天。⑩

**文字注释**

① 六月二十七日：指宋神宗熙宁五年（1072）六月二十七日。

② 望湖楼：古建筑名，在今浙江杭州西湖边。

③ 醉书：喝醉时写下的作品。

④ 翻墨：打翻的墨水，形容云层很黑。

⑤ 遮：遮盖，遮挡。

⑥ 白雨：指夏日阵雨的特殊景观。因雨点大而猛，在湖光山色的衬托下，显得白而透明。

⑦ 跳珠：跳动的水珠。形容雨点大，杂乱无序。

⑧ 卷地风来：指狂风席地卷来。

⑨ 忽：突然。

⑩ 水如天：湖面像天空一般开阔、平静。

## 白话译文

黑云翻滚如同打翻的墨水与远山纠缠，没过多久像珍珠般的雨珠溅入我的小船。一阵狂风席地卷来，将乌云暴雨都吹散。风雨过后，望湖楼下湖面像天空一般开阔、平静。

## 创作背景

宋神宗熙宁五年（1072），苏轼在杭州任通判。这年6月27日，他游览西湖，在船上看到奇妙的湖光山色，再到望湖楼上喝酒，写了这首诗。

在杭州，没有官场上的尔虞我诈，苏轼没有沉重的政治包袱。人到一个陌生地方，难免会有一些人生有别、岁月飘忽的感伤，苏轼也不例外，但他心中有情，心灵世界就不会变得冰冷，而是有一种踏实欢愉之感。

## 趣味故事

苏轼第二次任职杭州时，西湖水面上的水生植物过多，把大部分的阳光挡住了，水底下的鱼虾等陆续死亡，淤泥拥塞，水体发臭，水道被堵，于是苏轼对杭州西湖进行了综合治理改造。

他认为西湖是杭州的眼睛，眼睛得了病，就需要医治。并且西湖是杭州百姓灌溉农田、居民用水的重要水源，水源地被污染了，百姓的日常用水成为大问题。

在前期充分调研的基础上，苏轼决定在西湖西侧，充分利用淤泥水草修一条长堤，用以沟通南北，这样一来，水底下的淤泥和水草得到利用，也方便了人们的来往，一举数得。

## 不懂就问："苏公堤"的由来是什么？

长堤修好以后，苏轼在长堤上修建了六座桥，分别给它们取了跨虹、望山、映波等诗意浪漫的名字。昔日令百姓担忧的西湖，经过苏轼的精心改造，成为了秀美利民的工程。

为了遏制水草再次蔓延，苏轼把靠近河岸河滩的地方租给老百姓，让他们在这里种植，前提是必须先把湖里的水草清除干净。苏轼在西湖的中心地带，划出了一片三角区域，分别在三个角的顶端修建石塔，这就是西湖十景中的三潭印月。

百姓们为了纪念苏轼修的长堤，给其取名为"苏公堤"，成为了西湖著名的人文景观。

## 史海拾贝

在"乌台诗案"中，王安石也帮了苏轼。王安石6年内被

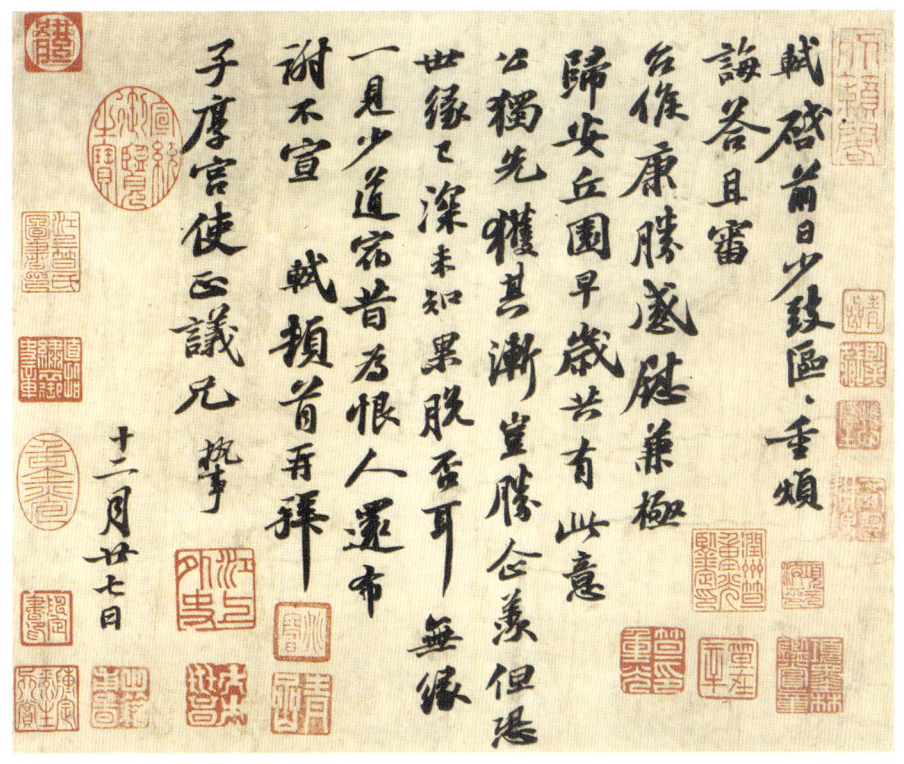

宋·苏轼　　归安丘园帖（现藏于台北故宫博物院）

罢免宰相两次，不问朝政之后，听说苏轼的遭遇，上书皇帝说，盛世怎么能杀有才之人？这句话救了苏轼。

宋神宗本人也不想杀苏轼。苏轼反对新法，宋神宗当然不满意，但苏轼在徐州抗洪救险期间曾得到过宋神宗的嘉奖，老百姓也称赞苏轼，杀了这样的人才实在可惜。

浣溪沙①

游蕲水清泉寺，②寺临兰溪，③溪水西流。

山下兰芽短浸溪，④松间沙路净无泥。

潇潇暮雨子规啼。⑤⑥

谁道人生无再少？⑦门前流水尚能西！

休将白发唱黄鸡。⑧⑨

## 文字注释

① 浣溪沙：词牌名。

② 蕲水：今在湖北浠水一带。

③ 清泉寺：寺名，在蕲水县城外。

④ 短浸溪：指初生的兰芽浸润在溪水中。

⑤ 潇潇：这里形容雨声。

⑥ 子规：杜鹃鸟。

⑦ 无再少：不能再回到少年时代。

⑧ 白发：老去。

⑨ 唱黄鸡：语出白居易"黄鸡催晓丑时鸣"，比喻时光流逝。

## 白话译文

　　游览蕲水的清泉寺，寺临近兰溪，溪水潺潺地向西流淌着。山脚下溪边的兰草才抽出嫩芽，浸润在溪水中，松间的沙石小路洁净无泥。时值日暮，松林间的杜鹃鸟在潇潇细雨中鸣叫。

　　谁说人老了再也回不到少年时代？你看看，那门前的流水尚能向西奔流呢！所以，不要因老去感叹时光流逝。

## 创作背景

　　这首词是宋神宗元丰五年（1082）春，苏轼游蕲水清泉寺时所写。当时的他因为"乌台诗案"，被贬为黄州团练副使。

　　孤独寂寞的苏轼，并没有长期陷入困境之中。他知道光阴犹如昼夜不停的流水，匆匆向前不复返，更应珍惜时间，努力向前，说出了"谁道人生无再少？门前流水尚能西"的振奋之言。

在困境中，苏轼能从感伤迟暮的低沉基调中，发出催人自强的吟啸，这正是他旷达乐观的个人魅力的体现。

## 趣味故事

被贬到黄州的苏轼，一开始住的地方是一个江边废弃的驿站，这个地方叫临皋亭，一家人挤在一间潮湿的屋子里。后来，苏轼另寻一个地方盖了一座房子，在房子的四壁画上雪景，并给他取了个浪漫的名字——雪堂，雪堂成为他会客、读书、写作的地方。

曾经想过弃官从农的苏轼，没想到在这种情形之下成为"农夫"。他在山上开垦荒地，种花种菜，消遣心情，锻炼体魄，自称为"东坡居士"。

在与村民交往的过程中，苏轼慢慢退掉了身上那种桀骜不驯的傲气；在劳作的过程中，他也渐渐退去了身上的文人之气，养成了一种稳健端庄的大气。

即使身处偏远之地，苏轼也能在这里盖房、种地、写诗、做饭、交友，做一切自己能做的事，做一切能使自己快乐的事。

## 不懂就问：黄州成就了苏轼吗？

在黄州，天高皇帝远的闲适生活，为苏轼思考人生、创作诗文、写字作画提供了外部条件。江上清风、山间明月、乡下老酒、归耕田园的闲情逸致，抚慰着他那受伤的心灵。

苏轼从寂寞清苦的生活中走了出来，蜕变成为苏东坡。这段时间，他研究出了东坡肉，与友人寄情山水，游览赤壁，写下了千古绝唱《赤壁赋》和《念奴娇·赤壁怀古》，还创作了被后人称为天下第三行书的《黄州寒食帖》。

## 史海拾贝

苏轼在黄州谪居四年多以后，朝廷的格局发生了变化，宋神宗对苏轼的态度有了转变。此时的北宋王朝，距离革新变法已经过去十多年，宋神宗再也不是之前那个血气方刚的帝王。

面对瞬息万变的朝廷格局，宋神宗任用朝臣的标准发生了转变，原来以主张变法的新党官员为主，现在打算新旧两党的官员都任用。宋神宗把目光投向苏轼，一来苏轼是位一流的人才，二来比起反对派里面的司马光，苏轼的影响力较小，任用苏轼不会引起朝廷格局发生大变动。

卜算子·①黄州定慧院②寓居作

缺月挂疏桐，漏断人初静。③

谁见幽人独往来，④缥缈孤鸿影。⑤

惊起却回头，有恨无人省。⑥

拣尽寒枝不肯栖，⑦寂寞沙洲冷。⑧

## 文字注释

① 卜算子，词牌名。

② 定慧院：一作"定惠院"，在黄州东南。苏轼初到黄州，一家人寓居定慧院中。

③ 漏：指漏壶，古代计时的器具。漏断指深夜。

④ 幽人：幽居之人。

⑤ 缥缈：隐隐约约，若有若无。

⑥ 省：知晓。

⑦ 拣尽寒枝：指良禽择木而栖的意思。

⑧ 沙洲：江河中由泥沙淤积而成的小块陆地。

## 白话译文

弯弯的月亮挂在梧桐树梢，深夜人声已静。有时见到幽居人独自往来，仿佛那若有若无的孤雁身影。突然惊起又回过头来，心有怨恨却无人理解。拣遍了寒枝也不肯栖息，甘愿在沙洲上忍受寂寞凄冷。

## 创作背景

这首词是苏轼被初贬黄州寓居定慧院时所作，经历"乌台诗案"的苏轼，宛如惊弓之鸿，与孤鸿已是一亦二，二亦一，难以区分。读完这首词，那种掩不住的历经挫折之后的余悸、悲愤无悔的情绪扑面而来，特别是"拣尽寒枝不肯栖，寂寞沙洲冷"两句，苏轼用语决绝，那种旷达自信和不被摧折的傲骨，表露无遗。

**趣味故事**

　　苏轼被贬到海南儋州后，条件异常艰苦。他给朋友写信说，海南这个地方，食无肉、病无药、居无室、出无友、冬无炭、夏无寒泉。在这样艰苦的环境中，他依旧能淡然处之，创造了一套养生保健的方法，叫作谪居三适。

　　第一，早晨迎着海风，梳理头发，想象梳着梳着头发就会越来越密。

　　第二，每天中午，盘腿坐在蒲团上面，手肘靠着茶几，像庄子一样进入两忘之境。

　　第三，睡觉之前，在火炉上烧一壶热水，水开了倒在盆里，加水到膝盖，水热了就加点凉水，水凉了就加点热水，洗完之后修剪趾甲，感觉就像是老鹰脱离束缚，在天空自由翱翔。

　　这就是苏轼的潇洒之处，此时的他六十二岁，依旧努力从生活的小细节中寻找快乐。

**不懂就问：为什么有那么多人喜欢苏轼？**

　　苏轼这一生都在遭受打击、陷害、排挤、贬谪，每一次都是置之死地而后生。无论面临什么样的绝境，他都能把日子过成诗，都能在困境之中独善其身，进而兼济他人。

　　上至达官贵人、文人雅士，下至道士僧侣、野老农户，皆可成为苏轼的朋友。对于人生的种种磨难，苏轼表现出了不为忧患所动摇的旷达修养，进而呈现出忧乐两忘的胸怀。这样的苏轼，怎能不潇洒；这样的人生态度，怎能不让大家喜欢。

宋·苏轼　次辩才韵诗帖（现藏于台北故宫博物院）

## 史海拾贝

王安石与苏轼的政治立场虽然不同，但是他们彼此欣赏。每当有人从黄州路过来王安石这里，王安石总是要问人家，最近有没有听到苏轼的妙语。

如果王安石只是一个迫害异己、毫无品德的政治家，那么他就不会在"乌台诗案"中上书皇帝解救苏轼。

昔日的政敌，抛开政治枷锁，两人终能正常交往。王安石此时虽然不是宰相，可是还有一些影响力；苏轼虽然被贬谪黄州，可是对国计民生始终保持着一份热情和灼见。在跟王安石交往的这段时间里，两人以开拓的胸襟、广博的才学化解了彼此的恩怨，双方都对彼此有了比较全面的了解。

高处不胜寒⑩。

起舞弄清影⑪，何似在人间。

转朱阁⑫，低绮户，照无眠⑬。

不应有恨，何事长向别时圆⑭？

人有悲欢离合，月有阴晴圆缺，

此事古难全⑮。

但愿人长久⑯，千里共婵娟⑰。

水调歌头①

丙辰中秋，欢饮达旦，大醉，②作此篇，兼怀子由。③④

明月几时有？把酒问青天。⑤

不知天上宫阙，今夕是何年。⑥

我欲乘风归去，又恐琼楼玉宇，⑦⑧⑨

## 文字注释

① 水调歌头：词牌名。

② 丙辰：宋神宗熙宁九年（1076）。

③ 达旦：到天亮。

④ 子由：苏轼的弟弟苏辙，字子由。

⑤ 把酒：端起酒杯。

⑥ 天上宫阙：指月中宫殿。阙，古代城墙后的石台。

⑦ 乘风：凭借风力。

⑧ 归去：回到天上去。

⑨ 琼楼玉宇：美玉砌成的楼宇，指想象中的月中仙宫。

⑩ 不胜：经不住，承受不了。胜，承担、承受。

⑪ 起舞弄清影：意思是诗人在月光下起舞，影子也随着舞动。

⑫ 何似：哪里比得上。

⑬ 转朱阁，低绮户，照无眠：月儿转过朱红色的楼阁，低低地挂在雕花的门窗上，照着不能入睡的人（指诗人自己）。

⑭ 不应有恨，何事长向别时圆：（月儿）不该有什么怨恨吧，为什么偏在人们不能团聚时圆呢？

⑮ 此事：指人的欢、合和月的晴、圆。

⑯ 但：只。

⑰ 婵娟：本意指妇女姿态美好的样子，这里指月亮。

## 白话译文

丙辰年中秋，通宵畅饮，大醉而归，写了这首词，也有些思念弟弟苏辙。

怎么才能知道月亮圆缺的规律呢？我端起酒杯遥问苍穹。不知道天宫里，现在是何年月。我本可以和这清风扶摇而上去问一问，只怕高楼红墙、层楼叠榭，我经不住那高处的寒意。而那九天之上的风光又哪里比得上此刻我在月光下起舞呢？影子也随着我舞动。

月儿移动，转过朱红色的楼阁，低低地挂在雕花的窗户上，照着不能入睡的人。（月儿）不该有什么怨恨吧，为什么偏在人们不能团聚时圆呢？其实我也知道自古以来，人的悲欢离合就与月亮的阴晴圆缺一样，难以求全。只希望两人年年平安，虽然相隔千里，也能一起欣赏这美好的月光。

## 创作背景

月亮，历来受到文人雅士们的青睐。面对皓月当空，可以对月怀人；面对离愁别绪，可以以理遣情；面对宦海沉浮，可以托物说理。

丙辰年中秋，苏轼饮酒大醉，想起自己宦海浮沉，心情抑郁，又想起与在济南任职的弟弟多年未见，在醉意朦胧之中写下了这首词。

人间与天上，是相对存在的情景。人间代表的是有限，时刻变换，里面有生老病死、悲欢离合；天上代表的是永恒，在那里没有烦恼，是一个理想世界。

自己与弟弟虽然相隔很远，但是两人此时可以共赏同一轮明月，美丽的月光就是兄弟二人此时感情的共体，可以凭借月光互道彼此的心意。

月亮这个载体，跨越了时空、情感，仿佛永恒。天上的明月赋予了人间意义，苏轼不再孤独，环境不再是冰冷。

**趣味故事**

苏轼与苏辙两兄弟，一母同胞，同为当世的大文学家，彼此的政治立场和人生经历又很相似，两人互为知己，深知对方在自己生命中地位重要，这在文化史上是很少见的。

两兄弟相互往来的词作有很多，《水调歌头》无疑是其中的巅峰之作，说它是千古绝唱也不为过。在中秋月圆之夜思念兄弟，这是人之常情。苏轼的高明之处在于，他的起点是想念兄弟，终点却是一般人很难达到的圆融超然的境界。

他们兄弟二人都喜欢互夸对方，苏辙非常仰慕富有才华又会犯点小错误的苏轼。当兄长抚摸他的后背，苏轼是他的大哥，当兄长教诲他，苏轼就成了他的老师。在苏辙的生命里，苏轼一直扮演着亦师、亦友、亦兄的多重角色。

兄弟二人都喜欢写诗作文，有时候苏轼写完文章，不愿意给别人看，也不愿意公之于众，只愿意给弟弟看，在他看来，只有弟弟才能读懂他诗文里面真正的内涵。诗文，成为了他们互相了解对方的重要媒介。

**不懂就问：苏轼和苏辙兄弟感情有多好?**

在"乌台诗案"中，苏轼被指控之前，苏辙知道哥哥可能会大难临头，派人星夜奔袭，把这个消息告诉在湖州的苏轼。

苏轼被定了罪名之后，苏辙上奏朝廷，请求朝廷削掉他所有的官职，以此来赎哥哥的罪。

苏轼误认为要判自己死刑，面临死亡的威胁，他第一个想到了弟弟，在狱中写绝命诗时，有一首给了弟弟。苏辙读到此诗后大哭，据说这首诗辗转到了宋神宗手中，神宗看了之后也被他们之间的手足之情深深感动。

苏轼被贬黄州期间，兄弟二人往来诗文不断。苏辙因为喝酒过度得了肺病，苏轼就劝他多加保养，得知弟弟与长官关系不合，苏轼劝他不必委屈自己，大不了来黄州两人一起耕地种菜，生活也能怡然自得。

## 史海拾贝

元丰八年（1085），宋神宗病逝，年幼的宋哲宗即位，宋神宗母亲高太后垂帘听政。一向反对新法的高太后，重新启用保守派旧臣，司马光和苏轼等人得到重用。

元祐元年（1086），苏轼着七品官服入侍皇帝于延和殿，皇帝赐他银绯，升为中书舍人。

元祐二年（1087），苏轼兼任侍读。每次在皇帝面前诵读到治乱兴衰、奸邪正直及朝政得失的时候，经常对小皇帝反复开导，希望对皇帝有所启发。哲宗虽然沉默不语，但是很赞成苏轼的观点。

江城子①·密州出猎②

老夫聊发少年狂③④，左牵黄，右擎苍⑥，

锦帽貂裘⑦，千骑卷平冈⑧。

为报倾城随太守⑨，亲射虎，看孙郎⑩。

酒酣胸胆尚开张⑪。鬓微霜⑫⑬，又何妨！

持节云中⑭，何日遣冯唐？

会挽雕弓⑮如满月⑯，西北望，射天狼⑰。

## 文字注释 ∎

① 江城子：词牌名。

② 密州：今山东诸城。

③ 老夫：作者自称。

④ 聊：姑且，暂且。

⑤ 狂：狂妄。

⑥ 左牵黄，右擎苍：左手牵着黄犬，右臂托着苍鹰。擎，举着。

⑦ 锦帽貂裘：名词作动词，头戴着华美鲜艳的帽子，身穿貂鼠皮衣。

⑧ 千骑卷平冈：形容马多尘土飞扬，把山冈像卷席子一般掠过。

⑨ 为报倾城随太守：为我报知全城百姓，使随我出猎。

⑩ 孙郎：指孙权，据《三国志·吴书·吴主传》，孙权曾经"亲乘马射虎"。这里是作者自喻。

⑪ 酒酣胸胆尚开张：胸怀开阔，胆气豪壮。尚，还。

⑫ 鬓：额角边的头发。

⑬ 霜：白。

⑭ 持节云中，何日遣冯唐：朝廷什么时候派遣冯唐到云中来赦免魏尚呢？

⑮ 会：终将。

⑯ 雕弓：饰以彩绘的弓。

⑰ 天狼：星名，传说天狼星"主侵略"（《晋书·天文志》）。《楚辞·九歌·东君》："青云依兮白霓裳，举长矢兮射天狼。"词中喻指侵扰西北边境的西夏军队。

## 白话译文

我姑且抒发一下年轻人的狂傲之气，左手牵着黄狗，右臂托着苍鹰。随从的将士们头戴华美鲜艳的帽子，身穿貂鼠皮衣，浩浩荡荡的大部队像卷席子一般掠过山冈。为我报知全城百姓，随我出猎，我一定要像孙权一样射杀一头老虎给大家看看。

喝酒喝到正高兴时，胸怀开阔，胆气豪壮。即使头发微白，又有什么关系呢？朝廷什么时候才能派人拿着符节来密州赦免我的罪呢？那时我定当拉开弓箭，使之呈现满月的形状，瞄准西北，把代表西夏的天狼星射下来。

## 创作背景

这首词写于神宗熙宁八年（1075），苏轼在密州任职期间，冬天与同僚出城打猎之时。

苏轼由射虎打猎写到抗敌保边，抒发老而能用的壮怀，可是如今岁月催人老，年华渐逝，不甘堕落，这一上一下之间，身与心的冲突和对抗，读来令人豪气满怀。

苏轼这首词，别具一格，自成一体，对南宋爱国词有直接影响，就连他本人对这首词也颇感自豪。

## 趣味故事

在密州期间，苏轼写了两首《江城子》，一首豪放，一首婉约，读来令人肝肠寸断。在我们心中，苏轼是豪放的词家、是超脱的文人、是潇洒的过客，可是他还有多情婉约的一面。

## 不懂就问：苏轼为什么要自比魏尚？

汉文帝时，魏尚为云中太守。他爱惜士卒，优待军吏，匈奴远避。匈奴曾一度来犯，魏尚亲率车骑出击，所杀甚众。只因报功时多报了六个首级而获罪削职。后来，文帝采纳了冯唐的劝谏，派冯唐持符节到云中去赦免魏尚。苏轼当时因政治上处境不好，调任密州太守，故以魏尚自比，希望能得到朝廷的信任。

## 史海拾贝

苏轼曾经在宫中锁门执宿，被召进便殿，面见太后和皇帝，太后问他："你前年做什么官？"

苏轼回答："臣是黄州团练副使。"

太后又问："现在做什么官？"

苏轼说："臣现在任翰林学士。"

太后再问："你凭什么能骤然升到这个官位？"

苏轼小心回答说："碰到了太皇太后、皇帝陛下。"

太后说："不是。"

苏轼感到诧异，问："难道是大臣论奏保荐吗？"

太后说："也不是。"

苏轼更加惊讶，说："臣虽然没有品行，也不敢从其他途径上进。"

太后说道："这是先帝的意思。先帝每次诵读你的文章，都会叹赏说'奇才，奇才'，只不过没来得及进用你罢了。"

听到这话，苏轼把控不住情绪哭出声来，老太后和哲宗也哭了，左右的人都感动流泪。

一蓑烟雨任平生⑧。

料峭⑨春风吹酒醒，微冷，

山头斜照却相迎⑩。

回首向来⑪萧瑟⑫处，归去，

也无风雨也无晴⑬。

定风波①

三月七日，沙湖道中遇雨，②雨具先去，同行皆狼狈，③余独不觉。已而遂晴，④故作此词。

莫听穿林打叶声，⑤何妨吟啸且徐行。⑥

竹杖芒鞋轻胜马，⑦谁怕？

## 文字注释

① 定风波：词牌名。

② 沙湖：在黄州东南三十里处。

③ 狼狈：进退皆难的困顿窘迫之状。

④ 已而：过了一会儿。

⑤ 穿林打叶声：大雨点透过树林打在树叶上的声音。

⑥ 吟啸：高声吟咏。

⑦ 芒鞋：草鞋。

⑧ 一蓑烟雨任平生：披着蓑衣任凭风吹雨打，照样过我的一生。

⑨ 料峭：形容微寒。

⑩ 斜照：偏西的阳光。

⑪ 向来：方才。

⑫ 萧瑟：指风雨吹打树木的声音。

⑬ 也无风雨也无晴：无所谓风雨，也无所谓天晴。

## 白话译文

　　三月七日，在沙湖道上赶上了下雨。有人带雨具先走了，同行的人都觉得很狼狈，只有我不这么觉得。过了一会儿天晴了，就写了这首词。

　　不用在意那雨点透过树林打在树叶上的声音，不妨一边高声吟咏着，一边悠然地行走。挂着竹杖，穿着草鞋轻捷得胜过骑马，有什么可怕的？披着蓑衣任凭风吹雨打，照样过我的一生。

　　初春时节，料峭春风吹在身上还带着一些寒意，把身上的一点酒意给吹醒了，寒意初上，山头初晴的斜阳却应时相迎。

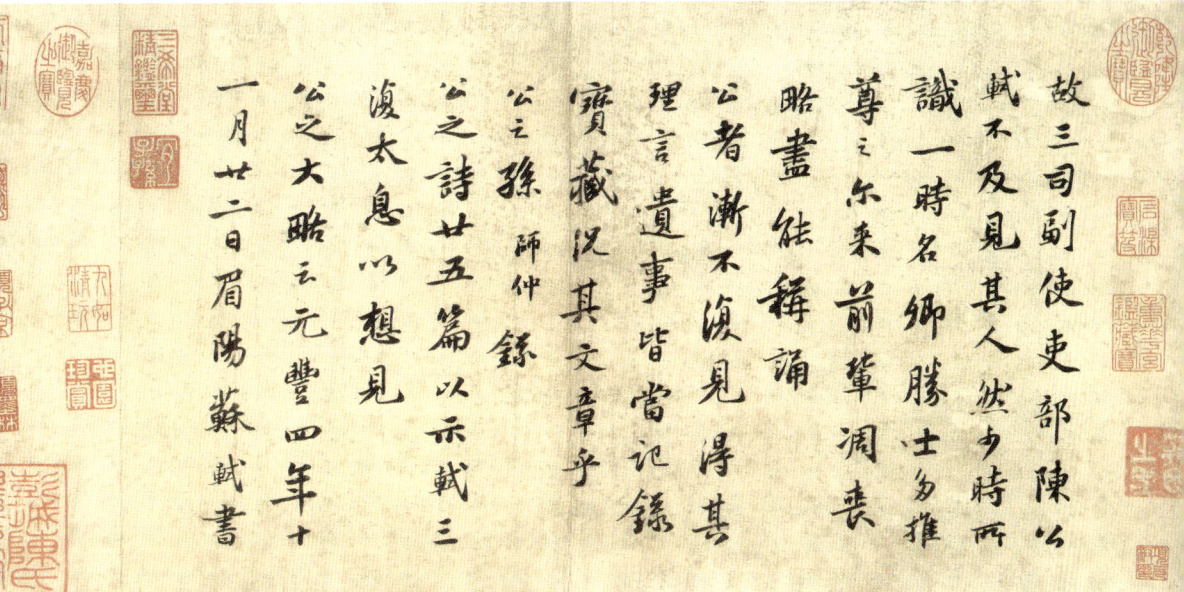

宋·苏轼　跋吏部陈公诗帖（现藏于台北故宫博物院）

回头望一眼走过来遇到风雨的地方，回去吧，对我来说，既无所谓风雨，也无所谓天晴。

### 创作背景

　　这首词作于宋神宗元丰五年（1082）春，苏轼因"乌台诗案"被贬为黄州团练副使。苏轼的序中讲了，他去沙湖的途中碰到了大雨，同行皆狼狈，过了一会儿，天又放晴了，于是写了这首词记录了这件事情。

　　苏轼一边吟诵着诗句，一边"啸"（宋代文人们的一种发声技巧），类似于普通人走路时会吹几声口哨，他拄着拐杖，慢慢地往前走。吟啸风雨，这种异于常人的行为，充满了个性。

面对阴晴不定的天气，没有必要伤心，刚才放晴的地方，现在下起雨来了，刚才下着大雨的地方，现在开始放晴了，下雨没什么可悲的，天晴也没有什么可惜的，只管拄着竹杖穿着芒鞋，顶风冲雨，往前走就是了。读到这里，一种搏击风雨、笑傲人生的轻松和豪迈之情扑面而来。

大自然的阴晴不定再平常不过了，人生的荣辱得失又何足挂齿呢？苏轼用自己的经历告诉我们，无论面对什么样的人生境遇和自然环境，都要从容阔步地往前迈去，且行且潇洒。

### 趣味故事

在黄州的苏轼，虽然身处困境，可是他可以自己做饭、读书、酿酒、交友……忙得不亦乐乎。在黄州期间，他还做起了美食家，研究出了东坡肉，写了一篇颂，为自己的红烧肉宣传推广。那些年，苏轼经常推出很多新品美食。

### 不懂就问：苏轼留给我们的精神财富是什么？

苏轼少年得志，金榜题名，中年以后，不到 10 年的时间，分别经历丧母、失妻、丧父，之后入狱，从北到南，接连被贬，直到被贬到遥远的海南岛。这跌宕起伏的一生，却被他过得有模有样，有滋有味。

苏轼用他的实际行动告诉我们——人生没有永远的绝境，只有面对绝境感到绝望的人。无论人生多么艰难，环境多么糟糕，仕途多么不顺，他都能随遇而安，坦然处之。

生命的变幻莫测，并不是让我们沉浸在痛苦中不能自拔的理由，而是告诉我们要学会珍惜当下、珍惜所爱。在最低的境遇中，活出最高的境界。这是苏轼留给我们的另外一种宝贵的精神财富。

## 史海拾贝

元祐七年（1092）前后，宋哲宗已经到了可以亲政的年纪，此时掌权的高太后身体越来越差，老太后就对几个大臣说："我的身体现在病成这个样子，以后的朝政可怎么办？"

宋哲宗当时在场，还没等到大臣们的应对，一贯沉默的他突然说道："这有何难？朝廷有规章制度，上面怎么说的，下面就怎么做。"周围的人大吃一惊，以前所有的权力都在高太后的手里，任何事情在宋哲宗心里其实都有主意，只不过是皇帝碍于年纪尚小，凡事都请教老太后而已。

元祐八年（1093），高太后病逝。元祐九年（1094），宋哲宗把年号改为绍圣，意图继承父亲改革的遗志。他的一系列想法涉及很多人事调整，当时在位的旧党宰相纷纷被免，改为任用新党中的官员为相。从绍圣元年（1094）到绍圣四年（1097），旧党的领袖官职陆续被免、名号被夺、墓碑被铲。

按理来说，苏轼当过皇帝的老师，下场应该不会太惨。可是人情关系在残酷无情的政治斗争中，只能低头，更何况，他还是旧党里面的重要人物。苏轼晚年的生活，只剩迁徙和漂泊。

清平乐

春归何处？寂寞无行路。①②

若有人知春去处，唤取归来同住。③

春无踪迹谁知？除非问取黄鹂。④⑤⑥

百啭无人能解，因风飞过蔷薇。⑦⑧⑨

## 文字注释 ∎

① 寂寞：清静、寂静。

② 无行路：没有留下春去的行踪。

③ 唤取：呼唤。

④ 谁知：有谁知道春的踪迹。

⑤ 问取：呼唤，询问。

⑥ 黄鹂：又叫黄莺、黄鸟。食森林中的害虫，益鸟。

⑦ 百啭：形容黄鹂婉转的鸣声。啭，鸟婉转地鸣叫。

⑧ 解：懂得，理解。

⑨ 因风：借着风势。因，凭借。

## 白话译文 ∎

春天回到了哪里？四处一片沉寂，没有留下春去的行踪。如果有人知道春天的踪迹，喊它回来同我们住在一起。

有谁知道春天的踪迹？要想知道，只有问一问黄鹂。那黄鹂千百遍地婉转啼叫，没有人能懂得它的意思。看吧，黄鹂鸟借着风势，飞过了盛开的蔷薇。

## 作者档案

| 姓名 | 黄庭坚，字鲁直，号山谷道人 | 性格特点 | 人物印象 |
|------|------|------|------|
| 生卒时间 | 1045—1105 | 善于自我调节情绪，淡泊名利。 | 黄庭坚敢于大胆创新，开创了江西诗派，影响了无数词人。他的书法更是一绝，别人经常模仿他的风格，他还是"苏门四学士"之一。 |
| 籍贯 | 洪州分宁（今江西修水） | | |
| 身份 | 北宋著名文学家、书法家 | | |
| 文学地位 | 江西诗派开山之祖 | | |
| 别称 | 黄山谷、黄太史、黄文节、豫章先生 | | |
| 名言名句 | 老子平生，江南江北，最爱临风曲。 | | |

## 创作背景

宋徽宗崇宁二年（1103），朝廷党祸已起，黄庭坚被除名，贬到广西宜州。此词的内容是"惜春"，而实际是影射时局。黄庭坚一生漂泊不定、命如浮萍，他与恩师苏轼一样，虽然饱受政治风雨的摧折，但他依然保持豪迈旷达的人生态度。

## 趣味故事

在《桐江诗话》中记载，黄庭坚七岁时，一天，黄庭坚的父亲黄庶邀请几位诗友一起在家饮酒作诗。其中一位朋友说："久闻令郎少年聪慧，何不让他也来吟一首！"这时，黄庭坚想起了吹笛子的小牧童，便以"牧童"为题，作了一首诗：

> 骑牛远远过前村，短笛横吹隔陇闻。
>
> 多少长安名利客，机关用尽不如君。

这便是著名的《牧童诗》。

《牧童诗》是一首饶有理趣、借题发挥的警世诗。前两句描写牧童自在自得的神情，悠然牛背上，短笛信口吹，宛然如画。后两句即事论理，将逐利争名、机关算尽的"长安名利客"与悠然自得的牧童相比。在一贬一褒之中，表露出作者清高自赏、不与俗流合污的心态，同时也在赞美牧童。

### 不懂就问：涤亲溺器这个故事与黄庭坚有关吗？

《二十四孝》里面收录了黄庭坚服侍母亲的故事——涤亲溺器。

黄庭坚是远近闻名的大孝子，他做太史的时候，公务非常繁忙，当时家里虽然有仆人，但是黄庭坚却亲自照顾母亲的生活，从不懈怠，事事都争取让母亲欢喜满意。

母亲特别爱干净，北宋的房子，还没设计卫生间，人们为了夜里上厕所方便，通常都会在家里准备一个应急的马桶。

为了保证年迈的母亲上厕所方便，黄庭坚坚持每天为母亲刷洗马桶，数十年如一日，从不间断。

有人觉得不可思议，就问黄庭坚，"黄大人啊，您可是朝

宋·佚名　春游晚归图（现藏于台北故宫博物院）

廷命官，身份高贵，而且你家有那么多仆人，为什么还要亲自给母亲刷马桶呢？"

黄庭坚却回答："孝顺父母是我的分内事，与自己的身份地位毫无关系，再说孝敬父母的事情，完全出自一个人的天性，又怎么会有高低贵贱之别？"

## 史海拾贝

对于王安石变法，黄庭坚是持反对态度的。在他看来，王安石确实是不可多得、值得尊敬的政治家，但是他用人不当，使得这次改革变味儿了。

由于反对王安石的变法，导致黄庭坚被贬过上了漂泊的生活。黄庭坚虽然反对王安石的改革，但是他敬重王安石的为人。变法失败之后，黄庭坚还专门赶到江宁，拜谒这位新党的精神领袖。

宋哲宗继位之后，黄庭坚被召回京城，担任校书郎，负责编辑校对《神宗实录》。因为反对变法，就连恩师苏轼都被罢黜，黄庭坚的境况也不乐观。果不其然，那些反对派在黄庭坚编撰的《神宗实录》里面，找出了千余条"铁证"，指证黄庭坚歪曲史实、有意篡改。黄庭坚的后半生，几乎都是在四处颠沛流离。

有桃花红，李花白，菜花黄。

远远围墙，隐隐茅堂。

飏青旗④，流水桥旁⑤。

偶然乘兴⑥，步过东冈⑦。

正莺儿啼，燕儿舞，蝶儿忙。

秦　观

行香子<sub>①</sub>

树绕村庄，水满陂塘。

倚东风，豪兴徜徉<sub>③</sub>。

小园几许，收尽春光。

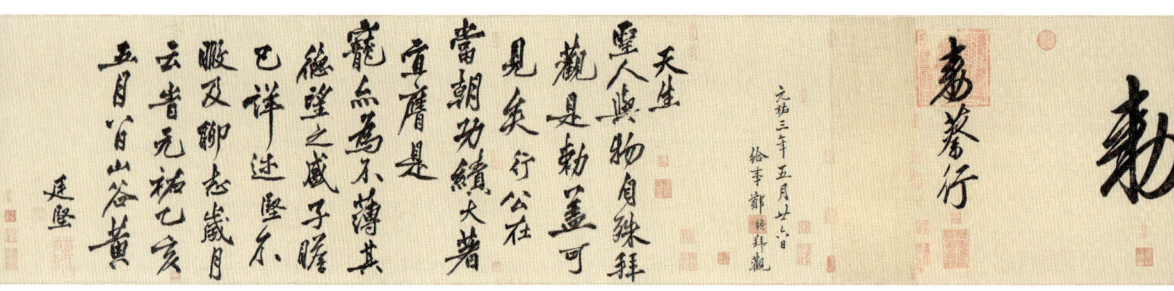

宋·赵佶　蔡行敕卷（局部）（现藏于辽宁省博物馆）

## 文字注释

① 行香子：词牌名。

② 陂塘：池塘。

③ 徜徉：闲游，安闲自在地步行。

④ 飐：飞扬，飘扬。

⑤ 青旗：酒店门口挂的青色的酒幌。

⑥ 乘兴：趁着一时高兴。

⑦ 东冈：东面的山冈。

## 白话译文

　　绿树绕着村庄，春水溢满池塘。沐浴着东风，带着豪兴安闲自在地步行。小园不大，却收尽了春光。桃花正红，李花雪白，菜花金黄。

　　远处的围墙里，隐约有几间茅草屋。青色的酒幌子在风中飞扬，小桥矗立在溪水旁。偶然趁着一时高兴，走过东面的山冈。莺儿鸣啼，燕儿飞舞，蝶儿匆忙，一派大好春光。

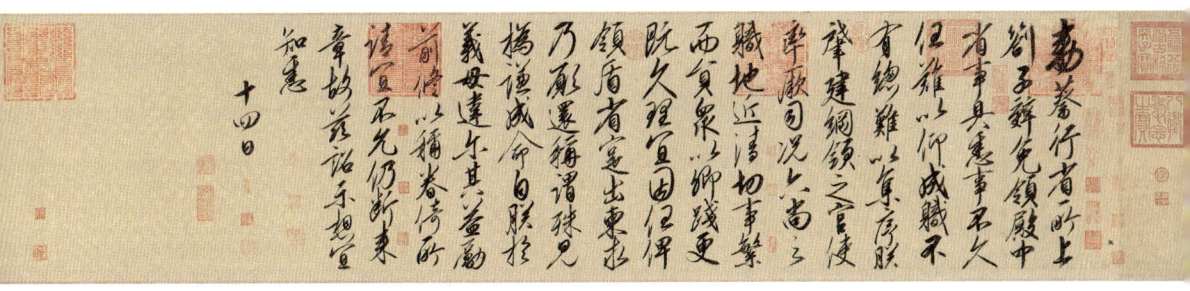

## 作者档案

| 姓名 | 秦观，字少游，又字太虚，号淮海居士 | 性格特点 | 人物印象 |
|---|---|---|---|
| 生卒时间 | 1049—1100 | | |
| 籍贯 | 高邮（今属江苏） | | 北宋文坛的"万人迷"，秦观的词颇受北宋文坛女性的追捧，恩师苏轼称赞他有屈原、宋玉之才；同门黄庭坚称他为国士无双，政治家王安石都赞赏他的词清新婉丽，可比鲍照和谢朓。 |
| 身份 | 北宋词人 | 风流潇洒，一生经历坎坷、仕途艰险。遇事喜欢往窄处想。 | |
| 文学地位 | 与黄庭坚、晁补之、张耒合称"苏门四学士" | | |
| 别称 | 邗沟居士 | | |
| 名言名句 | 两情若是久长时，又岂在朝朝暮暮。 | | |

## 创作背景

秦观小的时候喜欢读兵书，经常与那些豪侠之士一起游玩。从他的性格和行为来看，秦观应该会走恩师苏轼豪放派的路子，可是他走的却是婉约派的风格。在一个春天，秦观乘兴游览了一座村庄，被朴质自然的村野风光所触动，写了这首词。

## 趣味故事

熙宁十年（1078），苏轼自密州移知徐州，秦观前往拜谒，写诗道："我独不愿万户侯，惟愿一识苏徐州。"次年，他应苏轼之请写了一篇《黄楼赋》，苏轼称赞他"有屈（原）、宋（玉）才"。在此期间，秦观与苏轼同游无锡、吴江、湖州、会稽各地，结下了深厚的友谊。在苏轼的劝说下，秦观开始发奋读书，积极准备参加科考，可是命运不济，两度应考均名落孙山。苏轼为之抱屈，并作诗写信予以劝勉。

元丰七年（1084），苏轼路经江宁时，向王安石力荐秦观，后又致书曰："愿公少借齿牙，使增重于世。"王安石也赞许秦观的诗歌"清新似鲍、谢"。在两位文坛前辈的鼓励、称许下，秦观决心再度赴京应试。

## 不懂就问：什么是婉约派？

婉约派是一种宋词流派，与豪放派并列为宋词的两大流派。婉约，即婉转含蓄。婉约派内容侧重儿女之情、离别之情，结构深细缜密，音律婉转和谐，语言圆润清丽，修辞婉转柔美，表现含蓄细腻。婉约派的代表人物有柳永、欧阳修、秦观、李清照、李煜等。

并不是说，婉约和豪放就可以概括风格流派繁杂多样的宋词，但可以说明一首词是偏于婉约还是偏于豪放两种基本倾向，有助于理解宋词的艺术风格。

## 史海拾贝

就在大宋刚要稳中见升的时候，一个普通的文艺青年出现了，可是这个青年又不普通，他是伟大的艺术家，也是北宋的皇帝宋徽宗。

宋徽宗对朝政毫无兴趣，反而是个艺术天才，自幼爱好笔墨、丹青、骑马，生活奢靡，专好享乐。他听信道士所言，修了一个方圆十余里的享乐之地，里面亭台楼阁、飞禽走兽应有尽有。不仅如此，他还在苏州设立应奉局，专门搜刮奇石，引得民怨沸腾。

宋徽宗除了玩，就是尽兴地玩。他把政务交给以蔡京为首的北宋六贼（蔡京、童贯、王黼、梁师成、朱勔、李彦），这六个人结党营私、贪赃枉法、荒淫无度、排除异己、滥使职权，以鱼肉百姓为乐，把正直大臣排斥出政治中心，把朝廷弄得乌烟瘴气。

朱敦儒

相见欢

金陵城上西楼，①倚清秋。②③

万里夕阳垂地大江流。

中原乱，④簪缨散，⑤几时收？⑥

试倩悲风吹泪过扬州。⑦⑧

## 文字注释

① 金陵：古城名，即今江苏南京。

② 城上西楼：西门上的城楼。

③ 倚清秋：倚楼观看清秋时节景色。

④ 中原乱：指公元 1127 年金人侵占中原的大乱。

⑤ 簪缨：代指达官显贵。簪和缨都是古代贵族的帽饰。缨，帽带。

⑥ 收：收复国土。

⑦ 倩：请人代自己做。

⑧ 扬州：今属江苏。

## 白话译文

在金陵城里独自登上西门上的城楼，倚楼观看清秋时节的景色。看着万里大江在夕阳下流去。

金人侵占中原的大乱，达官显贵们纷纷逃散，什么时候收复国土？请悲伤的风把我的泪吹到扬州吧。

宋·赵大年　　松岗暮色图（现藏于故宫博物院）

## 作者档案

| 姓名 | 朱敦儒，字希真 | 性格特点 | 人物印象 |
|---|---|---|---|
| 生卒时间 | 1081—1159 | 早年以清高自诩，两次举荐他当学官而不去任职。 | 朱敦儒的词风可以分为三个阶段：早年词风浓艳丽巧；中年的词风激昂慷慨；闲居后词风婉明清畅。 |
| 籍贯 | 洛阳（今属河南） | | |
| 身份 | 宋代词人 | | |
| 文学地位 | 与"诗俊"陈与义等并称为"洛中八俊" | | |
| 别称 | 伊水老人、洛川先生、词俊 | | |
| 名言名句 | 莫将愁绪比飞花，花有数、愁无数。 | | |

## 创作背景

　　北宋的灭亡，改变了许多文人的命运，同时也转换了他们的情思，使得爱国成为了南宋时代诗词创作的主旋律。靖康之难后，二帝被俘。朱敦儒仓促南逃到金陵城，暂时获得了喘息机会。有一次，朱敦儒登上了金陵城西门城楼，见到残阳仿佛在抗议，长江好像在诉说，大地似乎在哭泣，写下了这首词。

## 趣味故事

　　早年的朱敦儒，有些傲娇，有人两次举荐他去当官可他偏偏不去，朝廷连任命诏书都下了，朱敦儒仍然不肯接受，在亲朋好友苦口婆心地劝说之下，他才应诏前往。

　　踏入官场之后，朱敦儒是主战派，经常发表一些主战的言论，被弹劾之后，他被免职。退休之后，朱敦儒过着闲适生活，词中出现一些消极情绪。

## 不懂就问：词为什么能在宋代达到高峰？

　　在北宋存续的 160 余年中，国家基本上保持着相对稳定的局面。宋朝推行厚待官吏的政策，加上社会经济的恢复与发展，民间财富被搜刮集中于几个大城市，为达官贵人纵情声色、歌舞作乐提供了优厚的物质条件，加上在与当时少数民族的冲突中，宋朝一直处于劣势地位，这种特殊历史背景，却有利于词的滋生与发展。

## 史海拾贝

　　前面讲过，北宋的生死冤家是大辽，之前为了燕云十六州，一直冲突不断，后来实在没办法，双方订立了澶渊之盟，维持了 100 多年和平。宋朝利用这段时间，加快经济发展，国富民强。

　　而大辽的发展就没那么好了。大辽的版图很大，有很多民族，其中女真族越来越不听话，带着族人"闹革命"。大宋朝廷发现这个机会，派人过去和女真族谈合作，准备夹击大辽，

宋·王诜 飞阁延风图（现藏于故宫博物院）

这个计划叫"海上之盟"。

女真族战斗力太强，轻松地就把辽国灭了，摇身一变成了金。从这次合作中，金发现大宋军事能力太差，随便找了个借口，大举南下，想吞掉大宋。

宋徽宗吓得连忙让位给了儿子宋钦宗。

夏日绝句

生当作人杰①，
死亦为鬼雄②。
至今思项羽③，
不肯过江东④。

**文字注释**

① 人杰：人中豪杰。

② 鬼雄：死后魂魄也是英雄。

③ 项羽：秦朝末年的起义领袖，后来与刘邦争夺天下，失败自杀。

④ 江东：长江在安徽芜湖，江苏南京间作西南、东北流向，古人习惯上称自此以下的长江南岸地区为江东。

## 白话译文

活着的时候应当做人中豪杰，死后也要做鬼中英雄。到今天人们还在怀念项羽，因为他不肯渡江回到江东。

## 作者档案

| 姓名 | 李清照，号易安居士 | 性格特点 | 人物印象 |
|---|---|---|---|
| 生卒时间 | 1084—约 1155 | 真性情，有趣有才。 | 不可复制、难以模仿的才女。宋代文坛，向来是男人的天下，直到李清照的出现，打破了这种格局。 |
| 籍贯 | 章丘（今属山东） | | |
| 身份 | 宋代女词人 | | |
| 文学地位 | 婉约派代表 | | |
| 别称 | 千古第一才女 | | |
| 名言名句 | 生当作人杰，死亦为鬼雄。 | | |

## 创作背景

公元 1127 年，金军大举入侵中原，宋徽宗、宋钦宗二帝被掳，北宋灭亡。同年 5 月，赵构即位，南宋开始。

1128 年，李清照之夫赵明诚出任建康知府。一天夜晚，江宁城中正在谋划一场叛乱，下属把这件事情上报赵明诚，可是赵明诚未当回事。天亮的时候，下属去找赵明诚，没想到他竟然从城墙上逃跑了。

这次叛乱平定之后，因为赵明诚不作为，被朝廷革职。面对丈夫的不抵抗和逃跑行为，李清照悲愤异常。

不久之后，两人因为战乱向江西方向逃亡。

行至乌江，站在当年西楚霸王项羽兵败自刎的地方，李清照百感交集，创作了这首《夏日绝句》，既是对昏聩无能的宋王朝的鞭挞，也是对贪生怕死的赵明诚的质问。

## 趣味故事

李清照的父亲李格非是苏轼晚年的弟子，"苏门后四学士"之一。这么一算，李清照要叫苏轼一声师公。

李清照身上的标签实在很多，千古第一才女、词国皇后……因为她的出现，文坛又多了一颗璀璨的明星。

## 不懂就问：什么是"易安体"？

李清照的词委婉清新，情感真挚。她前期的词作，主要描写少女和少妇的生活，表达她对爱情生活的向往，流露出离别相思的痛苦；她后期的词作，大多是悲叹身世，也会流露出一些对中原的怀念，表达爱国思乡之情。李清照的创作风格比较鲜明，居婉约派之首，在词坛独树一帜，称为"易安体"。

## 史海拾贝

此时的宋朝，早就被宋徽宗挥霍得差不多了，面对强大的金，宋朝毫无外交地位，宋钦宗束手无策，莫名其妙地赔了一大块地给金。

公元 1126 年，金又找了个借口，直接打到首都开封，金军逼迫宋钦宗前去议和。

那个富足的大宋王朝，已经被宋徽宗给掏空了，实在拿不出钱来，宋钦宗就大肆搜刮城内财物，开封城被金军团团围住，城内疫病流行，饿死、病死的人不计其数。

1127 年，金军掳走了宋徽宗、宋钦宗二帝，库藏搜刮一空，宫中嫔妃和官民女眷也被带回北方。从此，北宋宣告灭亡，这就是著名的"靖康之变"。

宋王朝为了自己的薄面，发明了两个词，一个叫"北狩"，一个叫"航海"。所谓北狩，就是说宋徽宗和宋钦宗二帝是去北方打猎去了。所谓航海，就是二帝逃亡去海上了。

渔家傲①

天接云涛连晓雾，星河欲转千帆舞②。仿佛梦魂归帝所③，闻天语④，殷勤问我归何处⑤。

我报路长嗟日暮⑥，学诗谩有惊人句⑦。九万里风鹏正举⑧。风休住，蓬舟吹取三山去⑨！

## 文字注释

① 渔家傲：词牌名。

② 星河：银河。

③ 帝所：天帝居住的地方。

④ 天语：天帝的话语。

⑤ 殷勤：情谊恳切。

⑥ 我报路长嗟日暮：路长，路途漫长。嗟，叹息，慨叹。

⑦ 学诗谩有惊人句：类似"语不惊人死不休"。谩有，空有。

⑧ 九万里：传说大鹏鸟乘风飞上九万里高空。

⑨ 蓬舟：如飞蓬般轻快的船。

## 白话译文

水天相接，晨雾蒙蒙笼罩着云海，银河流转，无数的星星在那里扬帆飞渡。梦魂仿佛回到了天庭，听到天帝在说话，恳切地问我要回到哪里去。

我回答说路途遥远而天色已晚，我虽然能写出惊人的诗句，但毫无用处。（我要像）大鹏鸟那样乘风高飞。风啊！千万别停息，将这一叶轻舟吹到海上的仙山上吧。

## 创作背景

宋高宗建炎四年（1130）春间，李清照曾在海上航行，历尽风涛之险。此词中写到大海、乘船，有天帝及词人自己，都与这段真实的生活体验有关。

## 趣味故事

才华横溢的李清照，曾经写过一篇《词论》评论师公苏轼、大佬欧阳修等文坛大咖。

谈到柳永，李清照说他的词非常符合音律，但是语句太俗。

张先和宋祁，这两个人的诗词偶尔会出现好句子，但是文章通篇读下来，不够精彩。

至于晏殊、苏轼、欧阳修，他们的学问虽然是一等一的好，旁人难及，但是要论填词，他们就是把诗改成长短句，唱起来不和谐。

王安石和曾巩，两人的文章倒是颇有西汉之风，可是如果让他们作词，恐怕会让人笑掉大牙，因为根本读不下去。

## 不懂就问：宋朝南渡对词有影响吗？

宋朝南渡之后，一方面，社会上的唱词之风仍然盛行，为词的创作提供了有利的社会环境；另一方面，北宋变成南宋，对词体的发展演变产生一定的影响。南宋时期的词人们，在各自不同的创作道路上，以不同的态度与方法进行创作，为宋词的继续发展及蜕变，发挥了不同的作用。

## 史海拾贝

被掳的宋徽宗和宋钦宗，一个被封为昏德公，另一个被封为重昏侯，两人的下场也很惨，客死异乡。

宋徽宗虽然在朝政上毫无建树，但他在书画上的造诣颇深，他独创了瘦金体，儿子赵构受他的熏陶，也成为杰出的书法家。

宋·惠崇　　沙汀丛树图（现藏于辽宁省博物馆）

　　堂堂大宋王朝皇帝，都被金绑架了，按理说这次灭顶之灾，宋朝应该从此一蹶不振从而灭亡了吧？

　　金把宋王朝皇室带走的时候，却忘记核对名单了，赵家还有一个人成了漏网之鱼，当时他恰好在南方，这个人就是宋高宗赵构。

如梦令①

常记溪亭日暮②，沉醉不知归路③。

兴尽晚回舟④，误入藕花深处⑤。

争渡⑥，争渡，惊起一滩鸥鹭⑦。

## 文字注释

① 如梦令：词牌名。

② 常记：长久记忆。

③ 溪亭：溪边的亭子。

④ 兴尽：尽了酒宴兴致。

⑤ 藕花：荷花。

⑥ 争渡：奋力把船划出去。

⑦ 鸥鹭：泛指水鸟。

## 白话译文

还记得那次在溪边亭中游玩日色已暮，沉迷在优美的景色中忘记了回家的路。尽兴后大家乘着夜色赶快掉转船头，却不料走错了路，小船划进了藕花深处。快点划呀，快点划呀，声音惊起了一滩鸥鹭。

## 创作背景

这首是忆昔之词，非当时当地所做。年轻时候的李清照，没有整日静坐闺中，也没有去学那些宋代女子要学的"必修课"，而是纵情饮酒，游山玩水，与三五好友喝醉之后，迟迟不归。傍晚时分，已经喝醉了的李清照，不小心误入了藕花深处，惊起了池塘里面的鸥鹭。

## 趣味故事

晚年的李清照，身边没有任何亲人。陪伴在她身边的，只有几幅金石文字和赵明诚留下来的《金石录》，这些都是精神寄托，李清照的生活相当清苦孤独。

她看到一个朋友的小女儿，十来岁，非常聪明，李清照想把自己的毕生所学都传授给这个小女孩，就问这个小女孩愿不愿意做她的学生。

可是这个小女孩却说"才藻非女子事也"，毫不留情地拒绝了李清照。后来，爱国诗人陆游给这个小女孩写墓志铭的时候，将这一故事写了进去。

能在宋代词坛上毫无愧色与第一流的男性词人比肩而立的，近千年以来，只有李清照一个。

### 不懂就问：李清照的词风为什么会变化？

李清照亲身经历了宋代由北而南的社会变革，她的生活遭遇、思想情感发生了巨大变化，歌词的内容、情调和色彩等都随之发生了变化，由之前明丽清新的风格变为低徊惆怅、深哀入骨，她的创作为南渡词人如何以旧形式表现新内容，树立了榜样。

### 史海拾贝

金把赵家全家老小绑到了东北，却留下了宋朝这么大的地盘，于是他们找了个宋朝原来的官员张邦昌，建立了一个名叫"大楚"的傀儡政权。张邦昌并不想当皇帝，因为他心里还住着一个赵家人，就是"漏网之鱼"赵构。

宋·佚名　　寒塘凫侣图（现藏于故宫博物院）

　　张邦昌想赶紧把皇位让给赵构，这样一来，大宋又回到了赵家人的手里。康王赵构在一片推推嚷嚷中，在应天府即位，史称宋高宗。面对敌强我弱的现实问题，宋高宗并不想收复河山，准备南迁避战。

曾几

三衢道中 ①

梅子黄时日日晴，②

小溪泛尽却山行。③④

绿阴不减来时路，⑤⑥

添得黄鹂四五声。⑦

**文字注释**

① 三衢道中：在去三衢的路上。

② 梅子黄时：指五月梅子成熟的季节。

③ 小溪泛尽：乘小船到小溪的尽头。

④ 却山行：再走山间小路。却，再，又。

⑤ 绿阴：苍绿的树荫。阴，树荫。

⑥ 不减：并没有少多少，差不多。

⑦ 黄鹂：黄莺。

## 白话译文

梅子熟透了的时候，天天都是晴和的好天气，乘小船到小溪的尽头，再改走山路继续前行。

山路上苍绿的树荫，与来的时候一样浓密，深林丛中传来几声黄莺的欢鸣声，比来时更增添了些幽趣。

## 作者档案

| 姓名 | 曾几，字吉甫，号茶山居士 | 性格特点 | 人物印象 |
|---|---|---|---|
| 生卒时间 | 1084—1166 | 娴雅清淡。 | 陆游称他"治经学道之余，发于文章，雅正纯粹，而诗尤工"。曾几除了研究四书五经、学习道义之外，他写的文章，规范淳朴，尤其写诗很出色。 |
| 籍贯 | 赣州（今江西赣州） | | |
| 身份 | 宋代诗人 | | |
| 文学地位 | 后人将其列入江西诗派 | | |
| 别称 | 无 | | |
| 名言名句 | 百年忽已度强半，十事不能成二三。 | | |

## 创作背景

曾几虽然是江西诗派的一员，但这首诗写得清新流畅，生动描绘了浙西山区初夏的秀丽景色。他将一次很普通平常的行

山禽矜逸態
梅粉弄輕柔
已有丹青約
千秋指白頭

宋·赵佶 腊梅山禽图（现藏于故宫博物院）

宣和殿御製并書

124

程，写得错落有致，平中见奇，不仅写出了初夏的宜人风光，而且让人领略到了生活的意趣。

## 趣味故事

曾几是陆游的老师，作为北宋、南宋之交的诗人，他对江西诗派的继承与创造性发展所做出的贡献为后世所称道，为江西诗派摆脱生新瘦硬、沉于典故之风迈出了坚实的一步。陆游专门在曾几身上学习这种风格，成为一代大家。

## 不懂就问：什么是江西诗派？

江西诗派是文学史上第一个有正式名称的诗文派别，是以黄庭坚创作理论为中心而形成的诗歌流派，重视诗歌本体和诗歌艺术传统，诗歌风格以吟咏书斋生活为主，重视文字的推敲技巧。到了南宋末，诗论家方回因为诗派成员大多学习杜甫，就把杜甫称为江西诗派之"祖"，把黄庭坚、陈师道、陈与义三人称为诗派之"宗"。

## 史海拾贝

宋朝是古代历史上罕见的重文轻武的朝代，当然也是文人辈出的黄金时代，比如苏轼、王安石、辛弃疾等都是大家耳熟能详的名家，就连宋徽宗、宋高宗在艺术上都有很高的造诣。正是因为重文轻武的政策，造就了宋朝经济和文化的繁荣，也导致宋朝频遭外敌侵略。

临江仙①·夜登小阁，忆洛中旧游②③

忆昔午桥桥上饮④，坐中多是豪英⑤⑥。长沟流月去无声⑦⑧。杏花疏影里⑨，吹笛到天明。

二十余年如一梦⑩，此身虽在堪惊⑪。闲登小阁看新晴⑫。古今多少事，渔唱起三更⑬。

## 文字注释

① 临江仙：词牌名。

② 洛中：指洛阳一带。

③ 旧游：昔日的游览。

④ 午桥：在洛阳城南十里。

⑤ 坐中：在一起喝酒的人。

⑥ 豪英：杰出的才俊。

⑦ 长沟流月：月光随着流水消逝。

⑧ 去无声：月亮西沉，夜深了。

⑨ 疏影：稀疏的影子。

⑩ 二十余年：二十多年来的经历。

⑪ 堪惊：总是心战胆跳。

⑫ 新晴：新雨初晴。晴，这里指晴夜。

⑬ 渔唱：渔歌。

## 白话译文

回忆年轻时在午桥上酣饮，在一起喝酒的多是杰出的才俊。月光随流水消逝，悄然无声，夜已经深了。对着杏花稀疏的清影，我们吹笛直到天明。

二十多年的经历如同一场梦，我虽身在，每当想起往昔，总是心惊胆战。闲来无事登上小楼，观赏雨后初晴的美景。感叹古今有多少兴亡事，只有把它们编成歌的渔夫，还在那半夜三更里低声歌唱。

## 作者档案

| 姓名 | 陈与义，字去非，号简斋 | 性格特点 | 人物印象 |
|---|---|---|---|
| 生卒时间 | 1090—1138 | 庄严恭敬，不苟言笑，平时虽然与人交往谦恭，但是内心刚正不可冒犯。 | 擅长写诗，描写外物寄托深意，清幽深远，曲折有致，纵横凌厉，他的诗受杜甫影响很大，前期清新明快，后期雄浑沉郁。 |
| 籍贯 | 洛阳（今属河南） | | |
| 身份 | 宋代诗人 | | |
| 文学地位 | 江西诗派三宗之一，洛中八俊之一 | | |
| 别称 | 诗俊 | | |
| 名言名句 | 千里卧木枝叶尽，独自人间不受寒。 | | |

## 创作背景

陈与义是洛阳人，他追忆二十多年前的经历，当时是宋徽宗政和年间，天下太平无事，文人还有游赏之乐。后来金军南下，北宋灭亡，南宋朝廷只能自立。这二十多年的大动乱，陈与义饱尝了颠沛流离、国破家亡的痛苦，吃尽了苦头，残酷的现实和往昔的一切形成鲜明的对比，百感交集，写下了这首词。

## 趣味故事

陈与义天资超群，还是小孩子的时候就已经能写文章，很有声誉，同辈的人都对他很恭敬。任参知政事时，他希望尊奉道德来辅佐君王，致力于提高君主威望来振作纲常法纪。他曾经写了一篇《墨梅》，宋徽宗很是称赞欣赏，他也因此得到了赏识。

## 不懂就问："洛中八俊"都有谁？

"洛中八俊"是北宋和南宋交接时期，在洛中地区活跃的八位文人，其中只有三人被确认，分别是"诗俊"陈与义、"词俊"朱敦儒和"文俊"富直柔。这八个人都是当时的文学奇才。

## 史海拾贝

自北宋靖康元年（1126），金攻陷北宋的首都汴京，从宋徽宗、宋钦宗二帝及赵氏皇族、朝臣等三千余人被金军押解北上的那一天开始，北宋王朝的天空就出现了一个巨大的缺口。

宋高宗面临的局面是，北方已经被搜刮干净，遍地都是流民。南方到处都是起义军，规模几十万以上的就有好几股，加上金军入侵长江以南地区，百姓生产生活遭到了严重破坏。

题临安①邸②

山外青山楼外楼，

西湖③歌舞几时休④？

暖风熏⑤得游人⑥醉，

直把⑦杭州作汴州⑧。

## 文字注释

① 临安：在今浙江杭州，曾为南宋都城。

② 邸：旅店。

③ 西湖：在浙江杭州城西。

④ 几时休：什么时候停止。

⑤ 熏：吹。

⑥ 游人：这里指南宋统治阶级。

⑦ 直：简直。

⑧ 汴州：在今河南开封，曾为北宋都城。

## 白话译文

青山无尽，楼阁连绵，一眼望不见头，西湖上的歌舞什么时候才能停止？暖洋洋的春风把达官显贵们吹得如痴如醉，简直是把杭州当成了那汴州。

## 作者档案

| 姓名 | 林升，字云友，号平山居士 | 性格特点 | 人物印象 |
|------|------------------------|----------|----------|
| 生卒时间 | 不详 | | |
| 籍贯 | 浙江温州 | | |
| 身份 | 南宋诗人 | 敏而好学，喜欢写诗作文。 | 胸怀国家，对国家、民族命运深切忧虑。 |
| 文学地位 | 诗人 | | |
| 别称 | 林梦平 | | |
| 名言名句 | 暖风熏得游人醉，直把杭州作汴州。 | | |

## 创作背景

公元 1132 年，宋高宗赵构再次回到杭州，再次被杭州的景色迷住了。上至王公贵族，下至士子商人，在以屈辱换得一时的苟安之下，大兴土木。那些达官显宦、富商大贾也相继经营宅第，沉沦于奢侈腐朽的生活，使得西湖有"销金锅"的称号。几十年中，把临时苟安的杭州当成了北宋的汴州。

诗人林升见到这些景象，针对这些黑暗现实写了这首讽喻诗，揭露那些达官贵族们无视国家前途与命运，终日醉生梦死、不顾国计民生的卑劣行为，表达了对南宋统治者只顾吃喝玩乐、奢靡消遣，却忘了江山被撕裂、崩碎的耻辱和愤恨。

### 趣味故事

在文学史上，诗人和词人数以万计，有的诗人写了很多诗，却难见精品；有的诗人只留下几首诗，却成为流传千古的名篇。南宋诗人林升就是一位作品少而精的诗人。

### 不懂就问：南宋词与北宋词的区别?

南、北宋词各具特色，但又有区别。南宋与北宋的社会环境完全不同。北宋从分裂走向统一，是相对太平的时代，南宋是由统一走向分裂，委曲求全、苟且偷安。两种不同的社会环境，使词人的创作内容、心态、风格也随之发生变化。

在创作出发点上，北宋词多是一些率情之作，词人们即景生情，自然而发；南宋词则多有目的性创作，精心安排、巧妙构思。

### 史海拾贝

靖康二年（1127），赵构在应天府登基，标志南宋开始。可是南宋小朝廷并没有深刻汲取北宋亡国的惨痛教训，也不试

宋·李嵩　溪山水阁图（现藏于故宫博物院）

图收复中原失地，而是只求苟且偏安，对外屈膝投降，对内残酷迫害岳飞等爱国将领，政治上腐败无能，达官显贵一味纵情声色，寻欢作乐。

　　国家半边领土已经沦陷，没有让人们警醒，反而是得过且过、沉溺享乐，一片歌舞升平的景象让人愤恨不已。

陆游

示儿

死去元知万事空，
但悲不见九州同。
王师北定中原日，
家祭无忘告乃翁。

**文字注释**

① 元知：原本知道。元，同"原"，本来。

② 万事空：什么也没有了。

③ 但：只是。

④ 悲：悲伤。

⑤ 同：统一。

⑥ 王师：指南宋朝廷的军队。

⑦ 北定：将北方平定。

⑧ 中原：指淮河以北被金人侵占的地区。

⑨ 家祭：祭祀家中先人。

⑩ 无忘：不要忘记。

⑪ 乃翁：你们的父亲。

## 白话译文

原本知道死去之后就什么也没有了，只是感到悲伤，没能见到国家统一。到大宋军队收复中原失地那一天，你们举行家祭时不要忘记告诉你们的父亲！

## 作者档案

| 姓名 | 陆游，字务观，号放翁 | 性格特点 | 人物印象 |
|---|---|---|---|
| 生卒时间 | 1125—1210 | 忠君爱国，沉郁悲壮，俊逸高朗，浑厚豪迈。 | 陆游是李白、杜甫、白居易、苏轼等之后又一位善于集前人之大成的诗人。他善于学习，在兼采古代优秀诗人成就的同时，也善于创新，最终形成自己的风格。 |
| 籍贯 | 越州山阴（今浙江绍兴） | | |
| 身份 | 南宋诗人 | | |
| 文学地位 | 中兴四大家之一 | | |
| 别称 | 龟堂老人 | | |
| 名言名句 | 王师北定中原日，家祭无忘告乃翁。 | | |

## 创作背景

公元 1210 年，爱国诗人陆游走到了生命的尽头，在病榻弥留之际，他最念念不忘的还是国家，写下绝笔交给自己的孩子。

孩子，我知道，我死后，这世间所有一切都与我无关了。可是，唯一令我痛心疾首的，就是没有看到国家统一。孩子，到我们大宋的军队能够收复中原失地的那一天，你们举行家祭的时候，千万不要忘了要把这个好消息告诉我。

说完之后，陆游带着遗憾闭上了眼睛。他满腔的热血和抱负在这一刻化为乌有，无限的遗憾在心头荡漾，国家不宁，山河破碎，抗金大业未成，却再也与他无关了。

这首诗是陆游的绝笔诗，也是他对抗金大业最后的呐喊！

## 趣味故事

传说，陆游出生前一天晚上，他的母亲做梦梦见了大诗人秦观。秦观字少游，于是陆游出生后，母亲便给儿子取名为"陆游"，字务观。

不过，这都是后人在书中所记载，并不可信。秦观去世之时，陆游的父亲陆宰不过才十三岁，而且陆游的父母和秦观也没有什么联系，陆游和秦观的名字只是巧合而已。

## 不懂就问：古代人们对自己家人的谦称都有什么？

古时候，人们在和别人交谈时，对别人介绍比自己的辈分高或年纪大的亲戚时，通常加一个"家"字，比如在说自己父亲时：家父、家尊、家严、家君；在说自己母亲时：家母、家慈。

对别人介绍比自己的辈分低或年纪小的亲戚时，通常加一个"舍"字，如：舍弟、舍妹、舍侄等。

谦称自己或与自己有关的人或事物，通常加一个"小"字，如小弟（自己）、小儿（自己的儿子）、小女（自己的女儿）等。

## 史海拾贝

"靖康之变"发生后，宋钦宗的弟弟康王赵构在河北积极部署军队，对抗金军。金军统帅因为兵力不足，在建立了傀儡政权之后，就撤军了。

金军在开封烧杀抢掠，无恶不作，"杀人如刈麻，臭闻数百里"，滔天罪行，令人发指。

五月初一，赵构在南京应天府即位，史称宋高宗，改元建炎，建立南宋政权，北宋政权灭亡。经历过"靖康之变"的宋王朝元气大伤，宋高宗委曲求全地做了 36 年的皇帝。

秋夜将晓①出篱门迎凉有感②

三万里③河东入海，

五千仞④岳上摩天⑤。

遗民⑥泪尽胡尘里⑦⑧，

南望⑨王师又一年⑩。

**文字注释**

① 将晓：天将要亮。

② 迎凉：迎着凉风。

③ 三万里：形容很长。这里指黄河很长。

④ 五千仞：形容很高。这里指华山很高。

⑤ 摩天：碰到天，形容极高。

⑥ 遗民：指在金统治地区的原宋朝百姓。

⑦ 泪尽：眼泪流干，形容十分悲惨、痛苦。

⑧ 胡尘：指金统治地区的风沙，这里指金政权。

⑨ 南望：远眺南方。

⑩ 王师：指南宋朝廷的军队。

## 白话译文

　　三万里黄河奔腾向东流入大海，五千仞华山耸入云霄上接青天。金统治地区的南宋人民在暴政下已欲哭无泪，他们盼望南宋朝廷的军队北伐，盼了一年又一年。

## 创作背景

　　公元 1192 年秋天，浙江绍兴。陆游夜不能寐，穿衣起床，清晨的风很凉，天将晓，一抹微光在天边静静绽放。此时的中原地区已经沦陷了六十多年了，北方的同胞们生活在水深火热之中，陆游不禁心生感慨，有心杀敌却无力改变。大好河山，陷于敌手，满腔的悲愤化为这首意境宏大、深沉的诗歌。

## 趣味故事

　　唐诗宋词，风流三千。如果说唐诗是一片浩大的星空，那么宋词便是一条磅礴的长河，而陆游，便是这条长河中一朵汹涌的浪花。

陆游的仕途也不是那么平坦。二十八岁那年，多年寒窗苦读的陆游参加了当时临安的锁厅考试，皇天不负有心人，陆游取得了第一名的好成绩。陆游觉得到大显身手的时候了，锁厅考试我是第一，礼部考试我也一定能得第一！

然而现实给了陆游一个沉重的打击，当时奸臣秦桧的孙子秦埙才疏学浅，和陆游一起考试位居陆游之下，秦桧因此不喜，要求礼部考试的主考官不得录取陆游！

直至 5 年后秦桧病死，陆游才得以进入仕途。

### 不懂就问：五岳是哪五座山？它们有什么意义？

五岳是中国五大名山的总称，分别是中岳嵩山、东岳泰山、西岳华山、南岳衡山、北岳恒山。

俗话说："恒山如行，泰山如坐，华山如立，嵩山如卧，唯有南岳独如飞。"五岳都有着各自的特点，分别是泰山雄、华山险、衡山秀、恒山幽、嵩山峻。

五岳是古代民间崇敬山神、五行观念和帝王巡猎封禅相结合的产物，是古代封建帝王们封禅祭祀的地方，也是封建帝王认为自己受命于天的象征。

### 史海拾贝

南宋政权建立初期，宋高宗迫于压力，任命抗战派的李纲为宰相。李纲力主抗金，与赵构不合，被迫罢相。宋高宗与宠臣汪伯彦、黄潜善等奸佞小人放弃中原，从南京应天府逃到扬州。

建炎二年，金军发动进攻，兵临山东，赵构任命亲信刘豫为济南知府，抵抗金军。7月，镇守开封的将领宗泽病逝，赵构任命亲信杜充接替宗泽镇守汴京。

杜充这个人，平时溜须拍马一绝，却没有真本事，还胆小怕事、贪生怕死。面对金军的进攻，杜充实行不抵抗政策，先是放弃了河北，建炎三年又逃往建康，导致长江以北的宋朝领土丢失。

按理来说这样的罪过斩首都不为过，杜充却没有被问罪，还被任命为右相。

十一月四日风雨大作（其二）

僵卧①孤村②不自哀，

尚思③为国戍轮台④。

夜阑⑤卧听风吹雨⑥，

铁马⑦冰河⑧入梦来。

**文字注释**

① 僵卧：躺卧不起，形容老病。

② 孤村：孤寂荒凉的村庄。

③ 思：想着，想到。

④ 戍轮台：指守卫边关。戍，守卫。轮台，古地名，在今新

疆轮台南，汉王朝曾在这里驻兵屯守。这里指代边关。

⑤ 夜阑：夜深，夜将尽。

⑥ 风吹雨：风雨交加。

⑦ 铁马：披着铁甲的战马。

⑧ 冰河：冰封的河流，指北方地区的河流。

## 白话译文

　　我在孤寂荒凉的乡村里躺卧不起，没有为自己的处境而感到悲哀，心中还想着替国家守卫边关。夜将尽了，我躺在床上听到那风雨的声音，迷迷糊糊地梦见自己骑着披着铁甲的战马跨过冰封的河流。

## 创作背景

　　此诗作于南宋光宗绍熙三年（1192）十一月四日。陆游自南宋孝宗淳熙十六年（1189）罢官后，一直闲居家乡山阴农村。当时诗人已经六十八岁，虽然年迈，但收复国土的愿望强烈，这在现实中已不可能实现，于是，在一个"风雨大作"的夜里，触景生情，由情生思，在梦中实现了自己金戈铁马驰骋中原的愿望。

## 趣味故事

　　有一天，陆游在屋中吃着花生米，喝着小酒，嘴里还哼着小曲。

　　"陆大爷！陆大爷！出事了，快出来！"

　　门外突然传来急促的呼喊声，一群人匆匆忙忙地来找陆游。

原来是两户人家因为搭猪棚的事情打起来了，有个人被打得头破血流，受了重伤，村民急忙来请德高望重的陆游主持公道。

陆游到了事发地之后，很是沉静，先给伤员处理好伤口。

待他了解情况后，两家人都眼巴巴地看着他，陆游沉吟一下，让两家人先回去等着。

其实根本没有什么大事，这两户人家平时关系也不错。接下来的几天，陆游对打架伤人的事避而不谈，而是讲述双方友好相处的片段，询问伤员的情况。

就这样过了几天，两户人家气消了之后，打人者主动上门向伤员赔礼道歉，伤员也表示原谅。

一场官司就这样风平浪静了，事后有人问陆游为什么不当场处理这个事情，陆游微笑着说："我当时不急于调解纠纷，就是为了让你们能够好好冷静一下，大事化小，小事化了。与人相处，不能冲动，要学会心平气和地解决问题。"

### 不懂就问：陆游为什么是伟大的爱国诗人？

陆游的人生经历，简直就是一部励志剧。面对仕途沉浮，小起大落，陆游寄情于山水，写了不少好诗，抒发他收复中原、报效祖国的远大志向。

三十二岁时，陆游写了《夜读兵书》，"平生万里心，执戈王前驱。战死士所有，耻复守妻孥"。

四十八岁时，写了《太息》，"中原久丧乱，志士泪横臆，切勿轻书生，上马能击贼"。

六十四岁时，写了《夜读兵书》，"老病虽疲甚，壮气颇有余。长缨果可请,上马不踌躇"。

八十二岁时,还在写《老马行》,"一闻战鼓意气生,犹能为国平燕赵"。

八十多岁,应当是儿孙绕膝、尽享天伦之乐的年纪,可是陆游还在为南宋的前途命运操心。

陆游的一生是忧伤的,他忧伤的是国家、是民族,他的骨子里面,流淌的都是爱国的血液。他是当之无愧的伟大的爱国诗人。

## 史海拾贝

宋朝有位将领名叫王渊,他因在赵构任天下兵马大元帅时护驾有功,得到了宋高宗赵构的宠信,又因与宦官勾结而节节高升,官至枢密使。王渊一上任,便聚敛钱财,搜刮民脂民膏。

宋建炎三年(1129)二月,金军再次南下,王渊建议赵构从镇江逃到杭州。逃跑时,王渊负责断后,却把战船拿来运送自己的财宝,致使数万宋兵及战马失陷敌营!

游山西村

莫笑农家腊酒浑①，丰年留客足鸡豚②。

山重水复疑无路③，柳暗花明又一村④。

箫鼓追随春社近⑤，衣冠简朴古风存⑥⑦。

从今若许闲乘月⑧⑨，拄杖无时夜叩门⑩⑪。

## 文字注释

① 腊酒：腊月所酿的酒，称为腊酒。

② 足鸡豚：备足鸡肉、猪肉。豚，小猪，这里指猪肉。

③ 山重水复：一座座山、一道道水重重叠叠。

④ 柳暗花明：柳色深绿，花色红艳。

⑤ 箫鼓：吹箫打鼓。

⑥ 春社：古代立春后第五个戊日为春社日，祭社神（土地神），祈求丰收。

⑦ 古风存：保留着淳朴的古代风俗。

⑧ 若许：如果这样。

⑨ 闲乘月：趁着月明来闲游。

⑩ 无时：没有固定的时间，即随时。

⑪ 叩门：敲门。

## 白话译文

不要笑农家腊月里酿的酒浊而又浑，在丰收的年景里待客菜肴非常丰盛。山峦重叠水流曲折正担心无路可走，柳绿花艳忽然眼前又出现一个山村。

将近社日，一路上迎神的箫鼓声随处可闻。村民们衣冠简朴，仍然保存着古代风气。今后如果还能趁大好月色出外闲游，我一定拄着拐杖随时来敲你的家门。

## 创作背景

公元 1165 年，陆游因为得罪奸臣龙大渊、曾觌，被贬为

宿雨清畿甸
朝陽麗帝城
豐年人樂業
隴上踏歌行

宋·马远 踏歌图（现藏于故宫博物院）

隆兴府通判。

然而曾觌并不打算轻易放过陆游，与龙大渊朋比为奸，恃宠干政，直接一纸诏书，罢免了陆游的官职。

公元 1167 年，这时的陆游已经闲居在家两年，心中的苦闷与激愤压在心头，让陆游喘不过气。

心情不好，那就出去走走吧。大山，古村，深林……

简朴的乡村生活和秀丽的自然风光抚平了陆游烦闷的心情，让他看到了生活的希望与光明。

"山重水复疑无路，柳暗花明又一村"。生活里的挫折打败不了陆游，只会让他越挫越勇。

## 趣味故事

陆游的心头，一直藏着个地方，叫作沈园。

沈园不大，景色也很一般，却刻着两首词，留着两个人的回忆。

这两个人，男子叫陆游，女子叫唐婉。他们青梅竹马，两小无猜；他们是表兄妹，年少时定亲，以家传凤钗为信物；他们情意缠绵，相敬如宾，成年便成亲，是所有人羡慕的天作之合。

故事的结局似乎总是残酷的，这对鸳鸯最终还是被世俗的功利、虚玄的命运和无由的孝道分开。

若干年后，唐婉已是他人之妻。再次来到沈园之中，陆游在一面白墙之上，刻下这首《钗头凤》："红酥手，黄滕酒，满城春色宫墙柳。东风恶，欢情薄。一怀愁绪，几年离索。错，错，错！春如旧，人空瘦，泪痕红浥鲛绡透。桃花落，闲池阁。山盟虽在，锦书难托。莫，莫，莫！"

东风太恶，欢情太薄，物是人非事事休，或许，这就是宿命吧。

公元 1156 年，陆游收到消息，常年郁郁寡欢的唐婉，撒手西去了。

她没有留下什么，只在沈园的那面白墙上，刻下了另一首《钗头凤》："世情薄，人情恶，雨送黄昏花易落。晓风干，泪痕残。欲笺心事，独语斜阑。难，难，难！人成各，今非昨，病魂常似秋千索。角声寒，夜阑珊。怕人寻问，咽泪装欢。瞒，瞒，瞒！"

## 不懂就问：写诗最多的古人是谁？

要说古代最出名的爱国词人那当属辛弃疾，但如果说写诗最多的爱国诗人，那便是陆游了。

陆游一生创作 9300 余首，他终年八十五岁，算下来一生几乎每三天就要作一首诗，实乃厉害。

但陆游依然不是创作的"天花板"，如果抛开诗人身份，写诗最多的古人，竟然是清朝的乾隆皇帝！乾隆一生作诗 30000 多首，整个唐代有名有姓诗人加起来存诗不过 20000 多首。

从某个方面说，乾隆以一己之力"打败"了所有唐代诗人。

## 史海拾贝

　　王渊虽然犯下大错，却没有得到什么惩罚，只被免去枢密使的职位，改任同签书枢密院事，得以继续在朝中作威作福。

　　当时的扈从统制苗傅和威州刺史刘正彦因为不满王渊，决定发动兵变。

　　两人逼着宋高宗赵构禅位给皇子赵旉，诛杀了不少宦官以及主和派，自己做起了幕后皇帝。

　　然而当时的天下将领都以赵构为尊，名将韩世忠、刘光世等人很快带兵勤王，诛杀了苗傅和刘正彦。

　　这次兵变，是南宋抗金斗争的一个转折点。兵变打击了主张和支持皇帝南逃的投降派势力。它表明妥协逃跑不得人心，标志着人民抗金力量的兴起，史称"苗刘兵变"。

卜算子·咏梅

驿外断桥边①②，寂寞开无主③④。

已是黄昏独自愁，更着风和雨⑤⑥。

无意苦争春⑦⑧⑨，一任群芳妒⑩⑪。

零落成泥碾作尘⑫⑬，只有香如故⑭。

## 文字注释

① 驿外：指荒僻、冷清之地。驿，驿站，供驿马或官吏途中休息的专用建筑。

② 断桥：残破的桥。

③ 寂寞：孤单冷清。

④ 无主：自生自灭，没有人照管和玩赏。

⑤ 更：副词，又，再。

⑥ 着：遭受。

⑦ 无意：不想，没有心思。

⑧ 苦：苦苦，极力。

⑨ 争春：与百花争奇斗艳，这里指争权。

⑩ 一任：任凭。

⑪ 群芳：鲜花、百花，这里指当时朝中诗人的政敌——苟且偷安的主和派。

⑫ 零落：凋谢。

⑬ 碾：轧烂，压碎。

⑭ 香如故：香气依旧存在。

## 白话译文

　　驿站外断桥旁，梅花寂寞地开放，孤孤单单，无人来欣赏。黄昏里独处已够愁苦，又遭到风吹雨打而飘落四方。

　　它无心同百花争享春光，任凭众多凡花俗朵的嫉妒。即使花瓣飘落被碾作尘泥，也依然有永久的芬芳留在人间。

宋·赵佶　　梅花绣眼图（现藏于故宫博物院）

## 创作背景

驿站外，断桥边，词人独自彷徨。金军在中原大地肆掠，朝廷在南方偏安一隅，北方的同胞正在遭受苦难。

想到这里，陆游不禁一叹，自己主张坚决抗战，收复中原，然而朝中主和派势大，自己被排挤压迫，壮志难酬。

陆游看着冷冽寒风中独自盛开的梅花，感触颇多，自己不就和这梅花一样吗？

## 趣味故事

陆游一生立志抗战，主张北伐，当时朝中被主和派占据，因此陆游一直郁郁不得志。

直到公元1194年，知阁门事韩侂胄与知枢密院事赵汝愚等密谋，发动政变，将赵惇废除，立太子赵扩为帝，史称宋宁宗。

韩侂胄培植党羽，排除异己，独揽大权，陆游也看不惯他，写诗抨击。然而韩侂胄主张北伐，与陆游的志向一致，并且还很看重陆游，把陆游召回京城，给予重用。

公元1206年，韩侂胄出兵北伐，因为用人不明，不听陆游的意见，失败被杀。

陆游得知此事之后悲愤不已，忧愤成疾，在几年后也与世长辞了。

## 不懂就问：词牌名的意义与词的内容有关吗？

词牌名是词的一种制式曲调的名称，有固定的格式和声律，决定着词的节奏和音律。

但是词的内容多数与词牌名的意义无关，从北宋开始，词人在词牌之外，往往另加题名或序言以说明词意。

词牌名的数目，大约有八百四十多个，绝大部分已无法弄清来历了。

## 史海拾贝

公元 1129 年，"苗刘兵变"平息，宋高宗赵构得以复辟，却继续向金乞降，哀求金不要再向南进军，对于抗金战争却不做任何有力的部署。

"你想投降，还要看我们答不答应！"金没有理会，继续向南方进军。

时年 9 月，金军渡江南侵，宋高宗立即带着臣子们南逃。他 10 月逃到越州（今浙江绍兴），随后又逃到明州（今浙江宁波）。

"快跑！金军追来了！"还没等到赵构松一口气，金军又来了，没有办法，继续跑吧。

赵构又从明州跑到定海（今浙江舟山），流浪海上，上演了一部"赵构漂流记"后，逃到了温州（今属浙江）。

还好金军海战不行，加上南方气候潮湿、河道纵横，南宋军民英勇抗战，金主帅完颜兀术实在没辙，决定撤兵北上。

金军北撤到镇江时，碰到了大宋名将韩世忠，被韩世忠断掉后路，逼入黄天荡。宋军以八千人的兵力围困金军十万人，最后金军用火攻打开缺口，才得以撤退。

南宋·马麟　梅竹图（已故著名画家、书画鉴藏家唐云所藏）

　　金军好不容易逃到南京，又被一生的宿敌岳飞打败，从此再不敢渡江，灰溜溜逃回了金。

范成大

四时田园杂兴①（其二十五）

梅子金黄杏子肥，

麦花雪白菜花稀。

日长篱落②无人过，

惟③有蜻蜓蛱蝶飞。

## 文字注释

① 杂兴：随兴而写的诗。

② 篱落：篱笆。

③ 惟：只。

## 白话译文

　　梅子变得金黄，杏子也越长越大了，荞麦花一片雪白，油菜花倒显得稀稀落落。白天长了，篱笆的影子随着太阳的升高变得越来越短，没有人经过，只有蜻蜓和蝴蝶绕着篱笆飞来飞去。

## 作者档案

| 姓名 | 范成大，字致能，一字幼元，自号此山居士，晚号石湖居士 | 性格特点 | 人物印象 |
|---|---|---|---|
| 生卒时间 | 1126—1193 | 忠君爱国，大义凛然，临危不惧，坚强不屈，不畏强暴。 | 范成大自幼聪明，且勤学苦练，他继承了中晚唐新乐府诗人们的现实主义风格，终于自成一派。他的诗题材广泛，风格平浅易懂、清新妩媚。他忠君爱国，出使金，不辱使命。 |
| 籍贯 | 苏州吴县（今江苏苏州） | | |
| 身份 | 南宋名臣，文学家 | | |
| 文学地位 | 南宋中兴四大诗人（又称南宋四大家）之一 | | |
| 别称 | 范明州、范参政、范资政、范文穆 | | |
| 名言名句 | 万里孤臣致命秋，此身何止上沤浮！ | | |

## 创作背景

公元1186年，退隐家乡的范成大写下了他最后的名作《四时田园杂兴六十首》，本诗正是其中的第二十五首。

《四时田园杂兴》分春日、晚春、夏日、秋日、冬日五部分，每部分各十二首。

春日刚刚退去，春风不再，万物却在蓬勃生长。范成大漫步在家乡的田园中，看到这一幅幅美丽画卷，写了这首诗。

### 趣味故事

公元 1170 年，南宋需要人出使金，争取利益。当时的南宋处于弱势地位，有"汉朝苏武牧羊"的前车之鉴在，没人敢去。

大臣们一个个都不说话，对此事唯恐避之不及，这时候，范成大站了出来。

"袖里天书咫尺，眼底关河百二，歌罢此生浮"，就这样，范成大带着使书，出发了。为家为国，纵死无悔，与虎谋皮，那又何妨！

果不其然，范成大在金经历了重重磨难，甚至命悬一线。金太子想带兵诛杀范成大，经历一番惊心动魄，范成大最终毫发无损，保全气节凯旋。这次出使，让天下人对范成大刮目相看，实乃国士无双。

### 不懂就问：南宋中兴四大诗人都有谁？

南宋中兴四大诗人，又称南宋四大家。他们分别是尤袤、杨万里、范成大、陆游。他们四个人，摆脱了江西诗派的影响，脱离牢笼，写出了思想、艺术各有特色的作品，对当时的诗坛产生了很大的影响，代表了宋代诗歌第二个繁荣的时期。

### 史海拾贝

公元 1130 年夏，金军撤兵。

宋·林椿　　枇杷山鸟图（现藏于故宫博物院）

　　赵构得以松一口气，任命岳飞、韩世忠、刘光世等名将分区负责江、淮防务，但他却只把军事部署作为议和的筹码，对主和派秦桧予以重用，任命他为宰相，竭力压制岳飞等主战派的要求。

四时田园杂兴（其三十一）

昼出耘田①夜绩麻②，

村庄儿女各当家③。

童孙未解供耕织④，

也傍桑阴⑤学种瓜⑥。

**文字注释**

① 耘田：在田间除草。

② 绩麻：把麻搓成线。

③ 各当家：每人承担一定的工作。

④ 供：从事。

⑤ 傍：靠近。

⑥ 阴：树荫。

## 白话译文

白天去田里锄草，夜晚在家中搓麻线，村里男男女女各有各的家务劳动。小孩子虽然不会耕田织布，也在那桑树荫下学着种瓜。

## 创作背景

劳累了一辈子，那就休息休息吧，闲居在家的范成大过起了田园生活。

村里的生活简朴而又充满活力，村民日出而作日落而息，这是天下风云变幻下为数不多的净土。

小孩子们不懂农活，却也努力地学着劳作，天真而又美好。这不正是范成大一直追求的生活画面吗？

## 趣味故事

公元1175年，范成大被任命为四川管内（成都路）制置使。当时西南边境的守将王文才私娶蛮族女人，经常带着蛮族攻打边境，为害一方。

范成大使用离间计，使蛮人互相猜忌，没过多久，王文才被俘获送到范成大的治所。

宋·陈宗训　　秋庭戏婴图（现藏于故宫博物院）

"来人,拉下去砍了!"范成大大手一挥,立即将王文才斩杀,缓解了边境动乱的情况。

### 不懂就问:南宋中兴四大诗人中谁的声名最低?

要说南宋四大家中谁最出名,谁的成就最高,那大家都知道是陆游,那么,他们四个人中,谁的声名最低呢?

杨万里和范成大的成就虽然比不上陆游,但他们也各有特色。杨万里创造了活泼自然的诚斋体,范成大也有《石湖居士诗集》等流传于世。

只有尤袤流传下来的作品很少,所以声名和其他三人相比起来略逊一筹。

### 史海拾贝

公元 1130 年,南宋与金的战争陷入胶着状态,时年 7 月,金太宗下诏,立南宋叛将刘豫为皇帝,国号"大齐",建都大名府,史称"伪齐",在北宋故地建立了一个傀儡政权。

金军暂停了南侵,但荆湖、江西、福建等地的农民起义军和盗匪层出不穷,宋高宗赵构起用岳飞,平定了这些叛乱,巩固了自己的统治。

岳飞战功赫赫,他旗下的岳家军骁勇善战,公元 1131 年,岳家军的军号定名为神武副军,岳飞被升为都统制。

杨万里

小池

泉眼无声惜细流，

树阴照水爱晴柔。

小荷才露尖尖角，

早有蜻蜓立上头。

**文字注释**

① 泉眼：泉水的出口。

② 惜：吝惜。

③ 照水：映在水里。

④ 晴柔：晴天里柔和的风光。

⑤ 尖尖角：初出水端还没有舒展的荷叶尖端。

⑥ 上头：上面，顶端。

## 白话译文

泉眼悄然无声是因舍不得细细的水流，树荫倒映水面是喜爱晴天和风的轻柔。娇嫩的小荷叶刚从水面露出尖尖的角，早有一只调皮的小蜻蜓立在它的上头。

## 作者档案

| 姓名 | 杨万里，字廷秀，号诚斋 | 性格特点 | 人物印象 |
|---|---|---|---|
| 生卒时间 | 1127—1206 | 不畏权贵，刚正不屈，关心民生，忠君爱国，淡泊名利。 | 杨万里的刚强，不仅仅表现在他不阿谀奉承上。在国家大事上，他坚持抗战，捍卫国家尊严。在诗歌上，他广泛向前辈们学习，却不甘于此，形成了自己的风格，自成一派。 |
| 籍贯 | 吉州吉水（今属江西） | | |
| 身份 | 南宋诗人 | | |
| 文学地位 | 南宋"中兴四大诗人"之一，创造"诚斋体" | | |
| 别称 | 诚斋先生、诚斋野客 | | |
| 名言名句 | 接天莲叶无穷碧，映日荷花别样红。 | | |

## 创作背景

杨万里在常州任职的时候，一有空就喜欢外出走走，在郊野漫步。

一日，杨万里来到池塘旁散步，春日正盛，一汪清泉流入池塘之中，几只蜻蜓在水面上低飞，立于才露出尖角的荷叶上。

清新的空气和柔美的风光让杨万里诗兴大发，写下了这首小诗。

## 趣味故事

杨万里在湖南主持科举考试的时候，其他考官选出了第一名，杨万里拿起卷子一看，只见那人的试卷上"尽"字写的是简体字，在力求完美的杨万里这里可过不了关。"不就写了简体字嘛，算什么大事！"其他考官却觉得这人很有才，和杨万里据理力争。

杨万里牛脾气一上来，瞪大眼睛嚷嚷道："录取了这样的人，到时候肯定会被别人笑话，我可丢不起这个人！"

最终这个人的成绩还是被杨万里算作无效。

## 不懂就问："诚斋体"是什么？

"诚斋体"是杨万里创造的一种诗歌风格，因为杨万里号诚斋，所以称为"诚斋体"。

当时江西诗派的风格对人们的影响很大，杨万里早年间也是学习江西诗派，后来他摆脱前人的束缚而自成一派，取得了更高的成就。

诚斋体的风格活泼自然，饶有谐趣。它还有两个特点：第一个是诗人把自己的主观情感最大程度地投射在客观事物上；

第二个是作诗想象奇特，但是不用奇奥生僻的字句，而用浅近明白的语言和流畅直至的章法，近于口语。

## 史海拾贝

岳飞平定了各州的游寇叛乱之后，宋高宗赵构赐予他"精忠岳飞"锦旗一面，并让岳家军的兵力得到扩充，达到了两万多人的规模。

手里有力量，底气就足了，岳飞提出收复陷落于伪齐政权的襄汉六郡的建议，得到赵构允许，但赵构又特别规定，岳家军不得称"提兵北伐"或言"收复汴京"，只以收复六郡为限。

"要不然就算了你立了大功，我也要治你的罪！"

公元1134年，岳家军一出击，便取得了大捷，伪齐政权的皇帝刘豫赶紧集合军队对抗岳家军，号称三十万大军。

然而在岳飞面前，刘豫的军队一击即溃，岳飞成功收复襄阳六郡。

岳飞克复襄汉是南宋头一次收复大片失地，且又攻取了原先由伪齐控制的唐州和信阳，是南宋进行局部反攻的一次大胜利。

晓出净慈寺送林子方

毕竟西湖六月中，[1]

风光不与四时同。[2]

接天莲叶无穷碧，[3]

映日荷花别样红。[4]

**文字注释**

① 毕竟：到底。

② 四时：春、夏、秋、冬四个季节，这里指除了六月以外的其他时节。

③ 无穷：无边无际。

④ 别样：特别，不一样。

## 白话译文

六月里西湖的风光景色到底和其他时节是不一样的，那密密层层的荷叶铺展开去，与蓝天相连接，一片无边无际的青翠碧绿；那亭亭玉立的荷花绽蕾盛开，在阳光辉映下，显得格外鲜艳娇红。

## 创作背景

淳熙十四年（1187），南宋朝廷设于杭州，当时的杨万里担任秘书少监，因此在杭州居住了很长一段时间。

时年6月，杨万里的好朋友林子方要到福州去做官，杨万里早早就起身，从净慈寺出发，去送别林子方。

荷花绽放，荷叶与天相连，路过西湖的杨万里不禁被这一幅美好的景象打动，写下了这首诗。

## 趣味故事

杨万里乾道六年（1170）出任奉新知县。由于秉性刚直，敢做敢当，为百姓着想，因此成为奉新历史上最有名的知县之一。

他到任后，禁止基层小吏下乡骚扰百姓，并规定百姓缴纳税赋后,各级官吏必须把未纳税人的名单和应纳税额张榜公布，让老百姓监督。这既督促了百姓交税，又杜绝了各级官吏贪污，还有利于税赋公平，因此深得百姓的拥护。这样的税赋缴纳方式既没有扰民，又能按时收足，这也使得奉新县的治理有了很大的改观，逐步走向繁荣。

172

宋・刘松年　罗汉图（现藏于台北故宫博物院）

## 不懂就问：江西诗派的影响有多大？

江西诗派是宋代最有影响的诗歌流派。它的影响遍及整个南宋诗坛，甚至一直延及近代的同光体诗人。

然而江西诗派也有很明显的缺点，常袭用前人诗意而略改其词，崇尚瘦硬风格，常用冷僻典故、稀见的字面，务求争新出奇。

因此南宋很多有成就的诗人都在努力摆脱江西诗派的影响，力求自己的风格。

## 史海拾贝

各路宋军在抗金战争中节节取胜，特别是岳飞统领的岳家军，军威无双，威震天下。

眼看两方战事僵持不下，刚好宋高宗赵构一直想着议和，金也顺水推舟，把陕西、河南归还宋朝。

按理说这是好事，但是赵构就是不肯派兵去把守两地，还说道："意思意思就行了，我们别太当真。"

岳飞当场就气得脱下战袍，要辞官，赵构又好声好气地把他劝回来。

这便是宋、金第一次议和。

宿新市徐公店①

篱落疏疏一径深，②③
树头新绿未成阴。④
儿童急走追黄蝶，⑥⑤
飞入菜花无处寻。

**文字注释**

① 徐公店：姓徐的人家开的酒店名。公，古代对男子的尊称。

② 篱落：篱笆。

③ 疏疏：稀疏。

④ 径：小路。

⑤ 阴：树荫。

⑥ 急走：奔跑。走，跑。

## 白话译文

篱笆稀稀落落，一条小路通向远方，树上的新叶已长出，却还尚未形成树荫。小孩子飞快地奔跑着追赶黄色的蝴蝶，可是蝴蝶突然飞入菜花丛中，再也找不到了。

## 创作背景

公元 1192 年，杨万里担任江东转运副使，经常在建康和临安两地奔波。新市是两地之间的一处城镇，水陆环绕，舟车便利，是来往两地的必经之地。

一天，杨万里途经新市，在一户徐姓人家所开的酒店住宿。善于发现美的杨万里被这里自然、朴素的风貌所打动，写下了这首诗。

## 趣味故事

一次，杨万里和同僚吹牛，说晋朝有一个叫"于宝"的人很厉害。

这时，他手下的一个小官员悄悄拉了拉杨万里的衣角，说道："大人，人家叫'干宝'，不叫'于宝'。"

杨万里一愣，问道："你怎么知道的？"手下翻出古书，上面有着记载。杨万里一看，果然是自己错了，但他丝毫没有生气，反而乐得不行，说道："看来你是我的一字之师啊。"

## 不懂就问：杨万里不写爱国题材的诗吗？

在我们的课本中，你会发现，杨万里的诗词或是咏怀风景，

宋·梁楷　六祖截竹图（现藏于日本东京国立博物馆）

或是生活趣事，没有什么家国大事。

按理来说，杨万里和陆游同处一个时期，陆游每天激愤落寞，杨万里却这么潇洒，是他不爱国吗？

其实不是的，杨万里一生留下大量抒写爱国忧时情怀的诗篇，或寄托家国之思，或呼吁抗战，或歌颂抗金将领，或讽刺卖国权奸，都是直抒爱国思想的名篇。

但和陆游那样奔放、直白地表达情感不同的是，杨万里压抑着自己的情感，大多写得深沉愤郁，含蓄不露。

因为他的爱国诗没有选入我们中小学的课本之中，所以我们才觉得杨万里活得比陆游潇洒多了。

## 史海拾贝

公元 1139 年，完颜兀术发动政变，杀死金掌权的主和派，成为金朝廷新一代的掌权者。

完颜兀术属于主战派，一直想灭南宋。他在公元 1140 年直接撕毁和议，统帅大军经过开封，直扑江淮而来，宋高宗赵构不得不派兵迎战。

然而此时的宋朝已经不是以前了，士别三日当刮目相看，更何况一个国家呢？

岳飞 6 月北伐，顺利攻克蔡州、颍昌、陈州之后，7 月收复洛阳。北方的梁兴、李宝等义军也在金军的后方进行骚扰，这场战争，胜负的天平开始朝着南宋倾斜。

稚子弄冰①

稚子金盆脱晓冰②，

彩丝穿取当银钲③。

敲成玉磬穿林响④，

忽作玻璃碎地声⑤。

**文字注释**

① 稚子：幼小的孩子。

② 脱晓冰：早晨从铜盆里把冰取出来。

③ 钲：一种金属打击乐器。

④ 磬：古代打击乐器，用玉、石制成。

⑤ 玻璃：古代常指一种玉石。

## 白话译文

一个小孩子，早上起来，把冰从铜盆里取出来，用彩丝穿起来当钲来敲。敲出的声音像玉磬敲出的声音一般穿越树林，突然冰落在地上发出玻璃一样的碎裂声。

## 创作背景

公元1179年，杨万里正在常州任上。常州有一个民俗，叫作打春牛，就是在立春前一日，用土牛打春，以示迎春和劝农。

一个孩童看见大人们鞭打春牛的场面，觉得很有趣，用自家的铜盆模仿。杨万里恰巧看到了这一幕，不禁失笑，写下了这首小诗。

## 趣味故事

有一次杨万里去地方视察，当地官员好生接待，不但有好酒好菜，还请来了几个女子唱曲助兴。

可是唱着唱着，不对劲了，曲里有一句歌词"万里云帆何日到"，里面正好有杨万里的名字。

要知道，在古代是不能直接称呼长辈、上级名字的，女子虽然是无心的，但也和骂人差不多，地方官员吓得脸都绿了，对着女子就是一顿乱骂。

"不碍事的。"杨万里制止了地方官员，对着惶恐不安的女子打趣道："万里是昨天到的。"

宋·佚名　　小庭婴戏图（现藏于台北故宫博物院）

## 不懂就问：真实的杨万里，是什么样子的？ ▪

杨万里的诗，充满了生活闲趣，让人感觉他好像一位安逸的田园诗人。那么，真实的杨万里，是什么样子的呢？

杨万里出生在书香世家，在父亲的推荐之下，拜了当时的名人王庭珪为师。

王庭珪性格刚直，主战抗金，受他影响，杨万里更加关注国家兴亡，立志报国安邦，绝不谄媚讨好。因此，杨万里在朝廷之中得罪了很多人，他的刚直是出了名的，连皇帝都对他破口大骂。

就算这样，几遭贬谪，杨万里依然初心不改，不忘报国之志。在杨万里清新幽默的诗风背后，是让人热泪盈眶的一生。

## 史海拾贝 ▪

公元1140年，完颜兀术发动战争，却并没有讨得什么便宜。

韩世忠已经打到连云港，张俊进军亳州……南宋的中兴大将们全面向北推进，只要岳飞击败开封的完颜兀术，金再无可战兵团。中兴大业，指日可待！

然而这时候宋高宗赵构不出所料，开始退缩。他担心将领功大势重，而且朝廷财政不支，于是下令各路宋军班师。

赵构几封诏书，命令韩世忠、张俊、刘锜撤军，让岳飞成为一支孤军，独自面对完颜兀术。

过松源晨炊漆公店①（其五）

莫言下岭便无难，②

赚得行人错喜欢。③

政入万山围子里，

一山放出一山拦。④

**文字注释**

① 松源、漆公店：地名，在今江西弋阳与余江之间。

② 莫言：不要说。

③ 赚得：骗得。

④ 拦：阻拦，阻挡。

## 白话译文

不要说从山岭上下来就没有困难，这句话骗得前来爬山的人白白地欢喜一场。当你进入到崇山峻岭的圈子里以后，你刚攀过一座山，另一座山立刻将你阻拦。

## 创作背景

公元1192年，一生力主抗战，反对屈膝投降，不得重用的杨万里毫无意外地被外放为官了。

途经松源，杨万里看到这连绵不断的群山，不禁想到自己的遭遇，不也是这样坎坎坷坷的吗？

感慨不已的杨万里万般思绪涌上心头，又化为乌有，六十五岁了，该经历过的也经历过了。于是，这首有着杨万里深刻感悟的诗，诞生了。

## 趣味故事

抗金名将虞允文当了宰相之后，无意之间看到了杨万里写的提案，很是欣赏。

"这是个人才啊，咱们就应该向朝廷举荐提拔这样的人才。"于是虞允文便找到了杨万里，拉着他促膝长谈。

虽然当朝宰相这么欣赏自己，杨万里还是很淡定，实实在在地说道："我那就是纸上谈兵。"

虞允文听完这话反而更欣赏杨万里了，他就喜欢这样的实在人，很快就提拔了杨万里。

宋·佚名　　观瀑布图（现藏于美国堪萨斯城纳尔逊－阿特金斯艺术博物馆）

## 不懂就问：这首诗中蕴含了什么哲理？

杨万里的这首诗，表面上是在写自己在山区行路时的感受，其实其中蕴含了深刻的哲理。

人生在世岂无难，人生就是在不断地与"难"做斗争。没有"难"的生活，在现实社会中是不存在的。人们无论做什么事，都要对前进道路上的困难做好充分的估计，不要被一时的成功所迷惑。

## 史海拾贝

公元 1140 年，岳家军独自对抗金军，上演着南宋最壮烈的史诗！

完颜兀术麾下有一军队名叫铁浮图，无往不胜，却被岳飞之子岳云率领的背嵬军打得丢盔弃甲。

颍昌大战，岳家军战到鲜血染红全身，竟无一人肯回头。

猛将杨再兴带领 300 骑兵遭遇金军主力，杀死 2000 敌军后全军覆没。

这是岳飞的史歌，这是岳家军的史歌！这是完颜兀术一生挥之不去的噩梦！

完颜兀术不服输，想要再战，以 10 万大军驻扎朱仙镇，然而仍不敌英勇的岳家军，惨败。

朱熹

观书有感（其一）——

半亩方塘①一鉴②开，

天光云影共徘徊③。

问渠④那得⑤清如许⑥？

为有源头活水来⑦。

## 文字注释

① 方塘：又称半亩塘，在福建尤溪城南郑义斋馆舍（后为南溪书院）内。

② 鉴：镜子。

③ 徘徊：来回移动。

④ 渠：它，第三人称代词，这里指方塘之水。

⑤ 那得：怎么会。

⑥ 清如许：这样清澈。如，如此，这样。

⑦ 源头活水：比喻知识是不断更新和发展的，从而不断积累，只有在人生中不断地学习、运用和探索，才能使自己永远保持先进和活力，就像水源头一样。

## 白话译文

半亩大的方形池塘像一面镜子一样展现在眼前，天空的光彩和浮云的影子都在水面上一起移动。要问为何那方塘的水会这样清澈呢？是因为有那永不枯竭的源头为它源源不断地输送活水啊。

宋·马远　　梅石溪凫图（现藏于故宫博物院）

## 作者档案

| 姓名 | 朱熹，字元晦，又字仲晦，号晦庵 | 性格特点 | 人物印象 |
|---|---|---|---|
| 生卒时间 | 1130—1200 | 追求真理，勤奋好学，诚实端正，胸怀大志，以身作则，清正有为。 | 朱熹在历史中一直褒贬不一，经常被后人讨论，但都不可否认他在理学造诣上的登峰造极。他是儒学集大成者，他的理学思想对元、明、清三朝影响很大，成为三朝的官方哲学，是教育史上继孔子后的又一人。 |
| 籍贯 | 徽州婺源（今江西），生于南剑州尤溪（今福建省） | | |
| 身份 | 南宋理学家、思想家、哲学家、教育家、诗人 | | |
| 文学地位 | 与"二程"合称"程朱学派"，理学集大成者 | | |
| 别称 | 朱子、朱文公、紫阳先生、考亭先生、沧州病叟、云谷老人 | | |
| 名言名句 | 勿谓今日不学而有来日，勿谓今年不学而有来年。日月逝矣，岁不我延。 | | |

## 创作背景

公元 1192 年，权臣韩侂胄掌握朝廷，朱熹带着门人弟子来到新城福山（今黎川县社苹乡竹山村）躲避，在双林寺侧的武夷堂讲学。

在此期间，他受南城县上塘蛤蟆窝村吴伦、吴常兄弟的邀请，前去讲学，并写下了这组诗。朱熹离去之后，村民便将蛤蟆窝村改为源头村。

## 趣味故事

一天，朱熹去朋友家玩。朱熹的朋友住在深山之中，空气清新，风景秀美。朱熹顿时手痒了，当即写了"居敬"两个字送给朋友，还留下了写字的笔。他的朋友把这字和笔当作了传家宝，传给了子孙。

直到清朝康熙年间，朋友的后人在一次渡江时，江中掀起了妖风怪浪。大家都认为是有妖物作祟，纷纷把镇邪的物品扔进江中，却都没有什么用。

情急之下，这位后人把朱熹的笔扔入江中，顿时江中风平浪静。

就这样，朱熹"神笔镇流"的故事流传至今。

## 不懂就问：程朱理学思想属于什么主义？

朱熹是南宋时期的理学大家，他的思想代表了理学发展的最高水平，甚至传播到日本、朝鲜等国，17 世纪欧洲人开始注意朱熹，18 世纪初就有人翻译了朱熹的某些作品，可见，朱熹的学说对世界都有影响。

那么，程朱理学思想属于什么主义呢？程朱理学的根本思想是"存天理，灭人欲"。朱熹认为"理"跃于万物之上，是人们不能违背也违背不了的。

所以说，程朱理学属于客观唯心主义。

## 史海拾贝

朱仙镇外，岳飞遥望北方，只要坚持一下，援兵到了，北复中原，轻而易举。岳飞却没有等到援兵，而是 12 块金牌。军队开始从前线撤军，北伐之功毁于一旦。

宋高宗赵构不想打了，他只想苟且偷生。

没有办法，岳飞只得班师回朝，面对收复的失地再次沦陷，岳飞仰天大哭。

公元 1141 年，赵构和秦桧策划第二次和议，完颜兀术只有一个要求，那就是，杀掉岳飞。

10 月，岳飞因"莫须有"的罪名被斩杀，为什么是莫须有，因为赵构找不出岳飞的任何一个罪名！

直至千年之后，人们依然记得这位抗金名将——岳飞！

观书有感（其二）

昨夜江边春水生，

蒙冲巨舰一毛轻①②。

向来枉费推移力③④，

此日中流自在行⑤。

**文字注释**

① 蒙：原为古代攻击性很强的战舰名，这里指大船。

② 一毛轻：像一片羽毛那样轻盈。

③ 向来：原先，指春水上涨之前。

④ 推移力：指浅水时行船困难，需人推拉而行。

⑤ 中流：河流的中心。

## 白话译文

昨天夜里江边涨起了阵阵春潮，巨大的舰船轻盈得如同一片羽毛。向来行驶要费很多力气推拉，今天却能在江水中央自在地行驶。

## 创作背景

这首诗是朱熹的组诗作品，描绘了朱熹"观书"的感悟。短短两首诗，却生动形象地揭示出深刻的哲理。

## 趣味故事

相传，在朱熹晚年的时候，曾经在乡下一家茶馆中居住躲避灾祸。

这家茶馆在朱熹住过之后，变得很是独特，坐落于乡间林地，却蚊虫不侵。人们都很好奇，多方打听，原来是老板娘用朱熹踩过的一种艾草把店里熏过，所以才有这样的效果。

后来，当地的村民就把这种朱熹踩过的艾草叫作"步步香"。

## 不懂就问：朱熹的成就有多大？

朱熹一生著书、立说、立学、立派。在他死后，朝廷追封他为太师，徽国公，并且让他与周敦颐、张载、程颐、程颢一同列于孔庙，同受后人祭祀。

要知道，中国上下五千年，能进孔庙的人寥寥无几，朱熹

宋·李唐　濠濮图卷（现藏于天津博物馆）

也被称为朱子，"子"是人们对大学问者的尊称，可见他的成就之高。

## 史海拾贝

公元 1141 年，宋金和议签订之后，秦桧成为了南宋终身宰相，专权跋扈，对主张抗战的臣僚加以排斥和打击。

金军入侵中原，只怕岳家军。岳飞被杀之后，金与南宋达

　　成了"和平方案"，这个和议代价有点大，第一，南宋自己把
战神岳飞杀了；第二，南宋向金俯首称臣，每年还要向金纳贡
银、绢；第三，划定疆界，东以淮河中流为界，西以大散关为
界，以南属宋，以北属金。

　　这次和议，史称"绍兴和议"。

# 春日

胜日①寻芳②泗水滨③，④

无边⑤光景⑥一时新。

等闲⑦识得东风面⑧，

万紫千红总是春。

## 文字注释

① 胜日：天气晴朗的好日子。

② 寻芳：游春，踏青。

③ 泗水：河名，在山东省。

④ 滨：水边，河边。

⑤ 无边：无边无际。

⑥ 光景：风光风景。

⑦ 等闲：平常，轻易。

⑧ 东风：春风。

## 白话译文

风和日丽游春在泗水之滨，无边无际的风光焕然一新。谁都可以看出春天的面貌，春风吹得百花开放、万紫千红，到处都是春天的景致。

## 创作背景

朱熹潜心理学，崇拜孔子，心里一直向往当年孔子居洙泗之上，弦歌讲诵，传道授业的盛事。

可是当时北方被金人占据，朱熹没有机会去到泗水之地。于是，朱熹便写下了这首诗，托意于神游寻芳，其实是借泗水这个孔门圣地来阐述自己的学问。

## 趣味故事

朱熹一直患有很严重的足疾，他想尽各种方法，却都治不好自己的脚。

一天，有个江湖郎中找到朱熹，表示自己有办法治好他的病。在江湖郎中一顿操作之后，他的足疾真的缓解了很多。

朱熹很高兴，写了一首诗送给这个江湖郎中，还给了他很多酬金。

可是没想到，这郎中是个骗子，朱熹第二天起来，足疾一点没有好转，甚至比之前严重了。

朱熹很生气，赶紧派人去找那个江湖郎中，可是人家早就逃之夭夭了。

人们问道："您是要追回那些酬金吗？"

朱熹捶胸顿足地回答："那些钱是小事，我是要追回我的诗，不能让骗子拿着我的诗到处招摇撞骗，耽误治病啊！"

## 不懂就问：孔庙是什么地方？

孔庙即孔子庙，是纪念中国伟大思想家、教育家孔子的祠庙建筑。

传统的中国城市中都有文庙，在历代王朝更迭中，孔庙又被称作文庙、夫子庙、至圣庙、先师庙、先圣庙、文宣王庙，尤以文庙之名更为普遍，为历代儒客学子朝圣之地。

孔庙之中并不只是供奉孔子，还有其他的先贤，先儒。自唐以后，能够进入孔庙享受香火，成为文人学者们最高的荣誉。

## 史海拾贝

和议签订之后，宋高宗得以过了 20 年的安稳日子。

直到公元 1161 年秋，金当时的统治者完颜亮再次发动战争，一时之间不可阻挡，宋军纷纷败退。

金军一直打到了长江北岸，准备从采石渡江。

宋高宗赵构听闻金军临江的消息，吓到马上就要跑到海上去避难，被大臣陈康伯和黄中劝住，这才留在临安继续抵抗。

当时，宋军驻扎在南岸的军队主将还未到，可是金军马上就要渡江了，前去慰劳军队的文官虞允文见此情况，主动组织士兵，准备迎战。

有人劝虞允文说："朝廷派您来慰劳军队，又不是要您督战。别人把事办得那么糟，您何必背这个包袱呢？"

虞允文慨然说道："这是什么话！现在国家遭受危急，我怎么能考虑自己的得失，逃避责任。"

虞允文虽然是个书生，没有指挥过战争，但是爱国的责任心使他鼓起勇气，带领士兵们打败了金军，完颜亮也被部下所杀，南宋再度转危为安。

辛弃疾

清平乐·村居

茅檐低小①，溪上青青草。

醉里吴音相媚好②，白发谁家翁媪③④？

大儿锄豆溪东⑤，中儿正织鸡笼⑥。

最喜小儿亡赖⑦，溪头卧剥莲蓬⑧。

## 文字注释

① 茅檐：茅屋的屋檐。

② 吴音：这首词是辛弃疾闲居带湖（今属江西）时写的，此地古代属吴地，所以称当地的方言为"吴音"。

③ 相媚好：指相互逗趣，取乐。

④ 翁媪：老翁和老妇。

⑤ 锄豆：锄掉豆田里的草。

⑥ 织：编织。

⑦ 亡赖：同"无赖"，这里指顽皮、淘气。

⑧ 卧：趴。

## 白话译文

　　草屋的茅檐又低又小，溪边长满了碧绿的小草。含有醉意的吴地方言，听起来温柔又有趣，那满头白发的老人是谁家的呀？大儿子在溪水东面豆田锄草，二儿子正忙于编织鸡笼。最令人喜爱的是淘气的小儿子，他正横卧在溪头草丛，剥着刚摘下的莲蓬。

**作者档案**

| 姓名 | 辛弃疾，字幼安，号稼轩 | 性格特点 | 人物印象 |
|---|---|---|---|
| 生卒时间 | 1140—1207 | 豪迈奔放，豪爽开朗，重情重义，忠君爱国，疾恶如仇。 | 辛弃疾文武双全，他才高八斗，却又有着出众的军事天赋和武功。他一生以收复中原为志，以功业自诩，却命运多舛，壮志难酬。但他始终没有动摇收复中原的信念，而是把满腔激情和对国家兴亡、民族命运的关切忧虑，全部寄寓于词作之中。 |
| 籍贯 | 历城（今山东济南） | | |
| 身份 | 南宋官员、将领、文学家、豪放派词人 | | |
| 文学地位 | 有"词中之龙"之称、与苏轼合称"苏辛"、与李清照并称"济南二安" | | |
| 别称 | 辛忠敏、辛稼轩、稼轩居士 | | |
| 名言名句 | 想当年，金戈铁马，气吞万里如虎。 | | |

**创作背景**

辛弃疾一直坚持自己爱国抗金的政治主张，可是朝中被投降派掌权，二十一岁回到南宋的他，一直到四十三岁，都没有得到重用，反而被排斥和打击。

在他闲居带湖的时候，理想的破灭让辛弃疾更加关注农村生活，写下了大量的闲适词和田园词。这首《清平乐·村居》

就是其中之一。

## 趣味故事

辛弃疾出生在北方被金军所占领的地区，在长辈的教导下，他从小就有着强烈的爱国情怀，一直心系国家。

在辛弃疾成年后不久，金军再一次大举南侵，辛弃疾在济南召集了几千人的抗金队伍，帮助南宋朝廷一起对抗金军。

辛弃疾带领队伍立下了许多功劳，还被南宋朝廷授予了承务郎的官职,之后辛弃疾还创立了一支战斗力很强的军队"飞虎军"。

## 不懂就问：豪放派是什么?

豪放派是宋代形成的词学流派之一，特点是创作视野较为广阔，气象恢宏雄放，喜用诗文的手法、句法写词，用词宏博，不拘守音律，然而有时失之平直，甚至涉于狂怪叫嚣。豪放派的代表有苏轼、王安石、辛弃疾等。

## 史海拾贝

南宋绍兴三十二年（1162）六月，宋高宗赵构在当了36年皇帝以后，以"倦勤"想多休养为由，传位给养子赵眘，史称宋孝宗，赵构自称太上皇帝。

宋孝宗赵眘和赵构不一样，他一直想要收复中原，在登基后为被贬谪和罢免的主战派大臣平反复官，重用主战派，积极备战。

赵眘还为岳飞平反，追复其原官职，赦免被流放的岳飞家属。

西江月·夜行黄沙道中

明月别枝惊鹊，清风半夜鸣蝉。
①                        ②
稻花香里说丰年，听取蛙声一片。

七八个星天外，两三点雨山前。

旧时茅店社林边，路转溪桥忽见。
③        ④      ⑤                  ⑥

## 文字注释

① 别枝：横斜的树枝。

② 鸣蝉：蝉叫声。

③ 旧时：往日。

④ 茅店：用茅草盖的旅舍。

⑤ 社林：社庙丛林。社，社庙，土地庙。

⑥ 见：同"现"。

## 白话译文

天边的明月升上了树梢，惊飞了栖息在枝头的喜鹊。清凉的晚风仿佛传来了远处的蝉叫声。在稻花的香气里，人们谈论着丰收的年景，耳边传来一阵阵青蛙的叫声，好像在说着丰收年。

天空中轻云飘浮，闪烁的星星时隐时现，山前下起了淅淅沥沥的小雨。从前那熟悉的茅店小屋依然坐落在土地庙附近的树林中，拐了个弯，茅店忽然出现在眼前。

## 创作背景

公元 1181 年，辛弃疾被奸臣排挤，罢官闲居于上饶带湖，在此生活了近 15 年。

一夜，辛弃疾出门散步，晚风轻拂，下起淅淅沥沥的小雨，带来阵阵蝉鸣蛙声。人们都在讨论着，今年又是一个丰收之年，辛弃疾笑了笑，或许，这样的日子也不错，回家后便写下了这首词。

## 趣味故事

辛弃疾二十三岁的时候，参加了耿京组织的义军，他们想要一起回归效忠朝廷。

在南下的途中，辛弃疾先行一步去建康面见皇帝，带回南宋朝廷的任命书。

没想到等他回来的时候，耿京竟然被叛徒张安国杀了，起义军被迫解散，辛弃疾那叫一个火冒三丈。

辛弃疾带着五十多人，朝着几万人的敌营直冲而去，竟然直接把张安国活捉，带回南宋处决！

从此辛弃疾名声大噪，获得了民众的爱戴和朝廷的提拔。

## 不懂就问：辛弃疾为什么与苏轼合称"苏辛"？

从晚唐"花间派"开始，写词就以婉约为正宗，诗庄词媚，一直没有变化，几乎成了词的定义。

直到苏轼时期，他用豪健纵放的风格开创了豪放派，扩大了词的题材范围，开拓了词的表现领域，打破了词为艳科的藩篱，使词体获得了解放。

辛弃疾同属于豪放词派，他的诗词磅礴大气，雄放豪宕，是继苏轼之后另一个豪放词派的顶峰。

## 史海拾贝

公元 1163 年，南宋隆兴元年五月，宋孝宗赵昚任命张浚为北伐主帅，开始北伐。

北伐初期，宋军在一月之中收复了灵璧、宿州、虹县等地，

宋·刘松年　　四景山水图（秋景）（现藏于故宫博物院）

金军也迅速组织反攻。

金军有着兵力优势，宋军因主将不和，军心涣散，撤兵时遭到金军地追截，损失惨重。

北伐失败，没有办法，南宋只好再次与金军达成和议，史称"隆兴和议"，又名"乾道之盟"。

这次和议，是继"绍兴和议"之后南宋与金订立的第二个和约，主要内容是南宋割地求和，每年向金纳贡，从此金宋两国又进入了一个和平时期。

丑奴儿·书博山道中壁 ——

少年不识愁滋味①，爱上层楼②。
爱上层楼，为赋新词强说愁③。
而今识尽愁滋味④，欲说还休。
欲说还休⑤，却道："天凉好个秋"！

## 文字注释

① 少年：指年轻的时候。

② 不识：不懂，不知道什么是。

③ 强：竭力、极力。

④ 识尽：尝够，深深懂得。

⑤ 欲说还休：内心有所顾虑而不敢表达。休，停止。

## 白话译文

人年少时不知道忧愁的滋味，喜欢登高远望。喜欢登高远望，为写一首新词无愁而勉强说愁。现在尝尽了忧愁的滋味，想说却说不出。想说却说不出，却说"好一个凉爽的秋天啊"！

## 创作背景

带湖，博山道，以及刚被弹劾去职不久的辛弃疾。风光虽好，此时的辛弃疾却无心观赏。国是日非，自己却无能为力，辛弃疾的一番愁绪无法排遣，最终，化作了这首词。

少年时，哪知道什么忧愁啊，现在，愁绪却堆满了我的心扉。

## 趣味故事

辛弃疾的好友并不多，其中有一个叫陈亮。

他们第一次见面的时候，大雪纷飞，陈亮因为仰慕辛弃疾，骑着一匹马在大雪中飞奔，只为能够见辛弃疾一面。可是在快要到达辛弃疾所住的地方时，马儿却不走了，陈亮一气之下，将马头砍下，徒步前去寻找辛弃疾。

他们最后一次见面的时候，依然大雪纷飞，辛弃疾抱病与陈亮一起迎着风雪在鹅湖游玩，饮酒作乐，高谈阔论，足足聚了十日。陈亮告辞离去的那天，辛弃疾舍不得他，冒着大雪前去寻找陈亮，追了大半天却没有追到，悔恨不已的辛弃疾写下了著名的《贺新郎》一词。

## 不懂就问：辛弃疾是个什么样的人？

辛弃疾不但文采斐然，勇武过人，同时，他的军事理论成就也很高。

论诗词成就，他与苏轼并称"苏辛"，两人都是宋词豪放派的文化高峰。

论武力指数，他"壮岁旌旗拥万夫，锦襜突骑渡江初"，能在万军之中取上将首级，出场犹如武侠小说。

论身材样貌，他肌肉发达、背胛有负，足以荷载四国之重。

论身份地位，他官至江西、福建安抚使。

论业务能力，除了文武双全，他写出了《美芹十论》等切中时事、论述深刻的优秀军事论文。

论身世背景，他以将种自命。

论豪迈，他能够"男儿到死心如铁，看试手，补天裂"。

论温柔，他也可以"倩何人唤取，红巾翠袖，搵英雄泪"。

可如果我们当着辛弃疾的面这么夸他，他未必会开心。按照他的个性，很有可能是狂笑几声，然后甩来一脸不屑，"我想要的不是这些！"

没错，辛弃疾的抱负，不在文坛，也不在仕途，而在疆场。只有疆场才是令他无数次魂牵梦萦的地方。

## 史海拾贝

北伐的失败，再加上主和派汤思退等朝臣对张浚群起而攻之，力主和议，让宋孝宗赵昚改变了自己的主张，颁布罪己诏，罢黜张浚，任用汤思退等妥协派执政。

隆兴和议的签订，让宋金两朝之间维持了四十多年的和平关系。

在此期间，赵昚在内外政策上都转向平稳，他重视生产，劝课农桑，兴修水利，民和俗静，家给人足，牛马遍野，余粮委田，出现了天下康宁的升平景象。

当时社会民生富庶、人民安居乐业，呈现政治繁荣的局面，史称"乾淳之治"。

破阵子·为陈同甫赋壮词以寄之

醉①里挑②灯看剑，梦回吹角连营。

八③百里分麾④下炙，五十弦⑤翻⑥塞外⑦声，

沙⑧场秋点兵⑨。

马⑩作的卢⑪飞快，弓如霹雳⑫弦惊。

了⑬却君王天下事⑭，赢得生前身后名⑯⑮。

可怜白发生⑰！

## 文字注释　　　　　　　　　　　　　　　　　　　■

① 醉里：醉酒之中。

② 挑灯：波动灯火，点灯。

③ 八百里：指牛，这里泛指酒食。

④ 麾下：军旗下面，指部下。

⑤ 五十弦：原指瑟，这里泛指乐器。

⑥ 翻：演奏。

⑦ 塞外声：指悲壮粗犷的军乐。

⑧ 沙场：战场。

⑨ 点兵：检阅军队。

⑩ 作：像，如。

⑪ 的卢：额部有白色斑点的马。《三国志·蜀书·先主传》注引《世语》：刘备在荆州遇险，他所骑的卢马"一踊三丈"，助他脱险。

⑫ 霹雳：响雷，震雷。这里喻指射箭时弓弦的响声。

⑬ 了却：了结，完成。

⑭ 天下事：这里指收复北方失地的国家大事。

⑮ 赢得：博得。

⑯ 身后：死后。

⑰ 可怜：可惜。

## 白话译文　　　　　　　　　　　　　　　　　　　■

　　醉梦里挑亮油灯观看宝剑，梦中回到了当年的各个营垒，接连响起号角声。把酒食分给部下享用，乐队演奏悲壮粗犷的军乐，这是秋天在战场上阅兵。战马像的卢马一样跑得飞快，弓箭像惊雷一样，震耳离弦。（我）一心想替君主完成收复国家失地的大业，取得世代相传的美名。可怜已成了白发人！

## 创作背景

公元 1188 年，冬天，铅山瓢泉，大雪纷飞。

两个修长的身影漫步于雪中，他们一个叫辛弃疾，一个叫陈亮，这是属于他们二人的第二次"鹅湖之会"。

陈亮和辛弃疾一样，才气豪迈，他们都积极主张抗战，因而遭到投降派的打击。

这次两人相见，相谈甚欢，把酒纵歌，诉说人生理想。

这首诗便是作于这一时期。

## 趣味故事

辛弃疾去投靠义军耿京的时候，有个和他一块去投靠的叫义端的僧人。

义端本身也是一小股义军的首领，是被辛弃疾说服一起投奔耿京帐下的。因义端受不了在义军里当差的苦头，竟偷偷地盗走了由辛弃疾保管的帅印，准备去金营里邀功。

耿京勃然大怒，向辛弃疾问罪，辛弃疾也很羞愧，自己交友不慎，带来的人竟然做了叛徒。

当即辛弃疾就向耿京立下军令状，去追回帅印。

当天晚上，辛弃疾埋伏在去往金军的必经之路上，捉到了义端。

义端一看见辛弃疾来捉自己了，吓得魂飞魄散，跪在地上求饶道："我知道您的真身是一头青兕，您力大能拔山，将来定有大造化。您饶了我的小命吧！"

疾恶如仇的辛弃疾哪能放过这种贪生怕死的叛徒？直接手起刀落，斩杀了义端。

## 不懂就问："鹅湖之会"是什么？

理学家朱熹的"理学"和哲学家陆九渊的"心学"，两大学问之间存在着理论分歧。

公元 1175 年，为了调和矛盾，同时也为了使两人的哲学观点"会归于一"，理学家吕祖谦邀请朱熹和陆九龄、陆九渊兄弟二人到鹅湖寺，双方就各自的哲学观点展开了一场激烈的辩论。

这就是中国思想史上著名的"鹅湖之会"。

几年后，辛弃疾、陈亮与朱熹也相约去鹅湖，可惜朱熹没到。

后来，人们用"鹅湖之会"比喻具有开创性的辩论会。

## 史海拾贝

公元 1187 年 10 月，宋高宗赵构去世，时年八十一岁。

宋孝宗赵昚听闻后悲痛欲绝，又表示要守孝 3 年。赵昚为了守孝，让太子赵惇参与政事。

赵昚渐渐把政事都交给赵惇，两年后，公元 1189 年 2 月，赵昚禅位于赵惇，史称宋光宗。

宋孝宗赵昚是南宋历史上最有作为的皇帝，他开创了"乾淳之治"时代，被后人称赞为"卓然为南渡诸帝之称首"。

太常引·建康中秋夜为吕叔潜赋——

一轮秋影转金波，①飞镜又重磨。②

把酒问姮娥：③被白发，欺人奈何？④

乘风好去，长空万里，直下看山河。

斫去桂婆娑，⑤人道是，⑥清光更多。

## 文字注释

① 金波：形容月光浮动，因亦指月光。

② 飞镜：飞天之明镜，指月亮。

③ 姮娥：即嫦娥，传说中月宫的仙女。

④ 被白发，欺人奈何：化用薛能《春日使府寓怀》中"青春背我堂堂去，白发欺人故故生"一句。

⑤ 斫：砍。

⑥ 婆娑：树影摇曳的样子。

## 白话译文

一轮缓缓移动的秋月洒下万里金波，就像那刚磨亮的铜镜飞上了天空。我举起酒杯问那月中的嫦娥：怎么办呢？白发越来越多，好像故意欺负我。

我要乘风飞上万里长空，俯视祖国的大好山河。还要砍去月中摇曳的桂树枝柯，人们说，这将使月亮洒到人间的光辉更多。

## 创作背景

公元 1174 年中秋夜，辛弃疾写下这首诗送给好朋友。

他已经南归 12 年了，这 12 年中，辛弃疾多次上书收复中原之事，却一直被冷落一旁，他的建议也未被采纳。

阴暗的政治环境使辛弃疾陷入了迷茫，在这年的中秋之夜，他用这首诗抒发了苦闷的心情。

## 趣味故事

朱熹去世之时，他的学说被宣布为"伪学"。

当时的权臣韩侂胄与朱熹不合，在他的压迫下，许多朱熹的门人弟子都不敢前去吊唁。

辛弃疾不畏禁令，前去哭祭朱熹。

辛弃疾还在朱熹的葬礼上留下了一句流传千古的悼词："所不朽者，垂万世名，孰谓公死，凛凛犹生。"

## 不懂就问：朱熹的学说在当时为什么被称作"伪学"？

公元 1195 年，朱熹在朝廷的支持者赵汝愚在与韩侂胄争权中失败，被罢相位，韩侂胄权倾朝野。

因为朱熹在赵汝愚手底下做事时，攻击过韩侂胄，韩侂胄因此怀恨在心，发动了一场抨击"理学"的运动。

一时之间，朱熹的学问被称为"伪学"，朱熹被称为"伪师"，他的学生被称为"伪徒"。

朱熹的学说本身也存在不少问题，因此后世学者们对朱熹的学说一直有着激烈的争论。

## 史海拾贝

宋光宗赵惇不但体弱多病，心理还很脆弱，他听信奸臣谗言，罢免了辛弃疾等主战派的大臣。

宋光宗的皇后李凤娘，生性嫉妒，为人狠辣凶悍。当时光宗的病情时好时坏，无法正常处理朝政，导致朝中大权落

相逢幸遇佳時節
月下花前且把盃

宋·马远　月下把杯图（现藏于天津博物馆）

入李凤娘之手。

整个李家人都被李凤娘安排为官，三代封王，甚至李氏家庙守护的士兵比太庙的还多！

在李后和宦官的挑拨之下，赵惇开始疏离父亲赵昚，不再定期前去问安，尽可能躲避孝宗，过宫而不入。

在李后的压迫之下，赵惇的病态心理越发严重。

南乡子·登京口北固亭有怀

何处望神州①？满眼风光北固楼②。

千古兴亡多少事③？悠悠④。不尽长江滚滚流。

年少万兜鍪⑤⑥，坐断东南战未休⑦⑧⑨。

天下英雄谁敌手⑩？曹刘⑪。生子当如孙仲谋⑫。

## 文字注释

① 神州：中原地区。

② 北固楼：即北固亭，在今江苏省镇江市北固山上。

③ 兴亡：指国家兴衰，朝代更替。

④ 悠悠：形容漫长，久远。

⑤ 年少：年轻，指孙权十九岁时继父兄之业统治江东。

⑥ 万兜鍪：指千军万马。兜鍪，古代作战时士兵所戴的头盔。这里指代士兵。

⑦ 坐断：占据。

⑧ 东南：三国时期吴国地处东南方。

⑨ 休：停止。

⑩ 敌手：能力相当的对手。

⑪ 曹刘：指曹操与刘备。

⑫ 生子当如孙仲谋：曹操率大军南下，见孙权的军队军容整肃，感叹道："生子当如孙仲谋。"见《三国志·吴书·吴主传》注引《吴历》。仲谋，孙权的字。

## 白话译文

什么地方可以看见中原呢？在北固楼上，满眼都是美丽的风光。从古到今，有多少国家兴亡大事呢？往事连绵不断，如同没有尽头的长江水滚滚地奔流不息。

当年孙权在青年时代，做了三军统帅。他能占据东南，坚持抗战，没有向敌人低头和屈服过。天下英雄谁是孙权的敌手呢？只有曹操和刘备而已。生子就应当如孙权一般。

## 创作背景 ▪

公元 1204 年，时任镇江知府的辛弃疾登上了镇江的北固亭，触景生情，感慨万千。

镇江，在历史上曾是英雄建功立业之地，此时成了与金人对垒的第二道防线。

辛弃疾渴望像古代英雄那样金戈铁马，收复旧山河，为国效力！

可是南宋朝廷苟且偷安、毫无作为。报国无门、壮志难酬的愤懑萦绕在辛弃疾心头，最终化作了这首千古名作。

## 趣味故事 ▪

震惊！曾经在沙场豪迈痛饮，喝了大半辈子酒的辛弃疾要戒酒！辛弃疾也不想戒酒，可是他的身体出了一些状况，不能再饮酒。

就这样，辛弃疾开始了艰难的戒酒过程，还先后写了两首戒酒词。这两首词的大概意思就是，他要与酒杯划清界限，不再饮酒。

然而没过多久，好朋友来找他，还带了美酒，香飘四溢，沁人心脾。

没有忍住诱惑的辛弃疾当即就破了戒，直到最后，辛弃疾还是没能成功戒酒。

## 不懂就问：辛弃疾对南宋文坛有什么影响？

辛弃疾的词现存有六百多首，是两宋时期作品流存最多的作家。

他的词在艺术上有创新精神，多以国家、民族的现实问题为题材，抒发慷慨激昂的爱国之情，对当时的文坛产生了巨大的影响。

当时的陈亮、刘过、刘克庄、刘辰翁等词人都被辛弃疾影响，形成了南宋中叶以后声势浩大的爱国词派。刘过、刘克庄、刘辰翁三人也被称为"辛派三刘"。

## 史海拾贝

随着宋光宗赵惇病情的恶化，政局也开始动荡不安，群臣再也无法容忍这个疯子皇帝。

公元1194年，南宋绍熙五年七月，韩侂胄、赵汝愚等人在太皇太后吴氏的支持下拥立嘉王赵扩登基，史称宋宁宗。

可笑的是，宋光宗对此事毫不知情。

当赵惇知道此事后，长期拒绝接受宋宁宗的朝见，依然住在皇宫之中，不肯搬到为太上皇预备的寝宫里。

这次事件，被称为"绍熙内禅"。

约 客

黄梅时节家家雨①②，
青草池塘处处蛙③。
有约不来过夜半④，
闲敲棋子落灯花⑤。

**文字注释**

① 黄梅时节：初夏江南梅子黄熟的时节，即梅雨季节。

② 家家雨：家家户户都赶上下雨，形容处处都在下雨。

③ 处处蛙：到处都是蛙声。

④ 有约：即为邀约友人。

⑤ 落灯花：旧时以油灯照明，灯芯烧残，落下来时好像一朵闪亮的小花。落，使……掉落。

## 白话译文

梅子黄时，家家都被笼罩在雨中，长满青草的池塘边上，传来阵阵蛙声。时间已过午夜，约好的客人还没有来，我无聊地轻轻敲着棋子，震落了点油灯时灯芯结出的灯花。

## 作者档案

| 姓名 | 赵师秀，字紫芝、灵芝，号灵秀、天乐 | 性格特点 | 人物印象 |
|---|---|---|---|
| 生卒时间 | 1170—1219 | 凄清冷漠，自然淡泊。 | 赵师秀是"永嘉四灵"中较为出色的一个，地位声望最高。他以"姚贾诗法"相号召，直接影响了一大批江湖诗人，打破了"资书为诗"生硬晦涩的江西诗派横霸南宋末诗坛的局面。 |
| 籍贯 | 永嘉（今浙江温州） | | |
| 身份 | 南宋诗人 | | |
| 文学地位 | "永嘉四灵"之一 | | |
| 别称 | 鬼才 | | |
| 名言名句 | 茗煎冰下水，香炷佛前灯。 | | |

## 创作背景

黄梅时节，细雨绵绵，蛙声阵阵。这个夜晚，赵师秀和朋友约好了一起在家里聚会。

可是赵师秀等到半夜，朋友却都还没有来。失落的赵师秀只有一盏青灯作伴，无聊地敲着棋子，第二天，他便写了这首诗。

## 趣味故事

公元 1190 年，赵师秀考中进士，5 年后，任上元主簿，后任筠州推官，相当于现在县法院的法官。

赵师秀在这个位置上待了几年，丝毫不见升官的迹象，后来他自己也看开了，称自己"官是三年满，身无一事忙"，诗歌才是他的真爱。

## 不懂就问："永嘉四灵"是哪四个人？

"永嘉四灵"指南宋四位浙江永嘉籍诗人，他们分别是徐照、徐玑、翁卷、赵师秀。因为他们的字号中都有"灵"字，因此称他们为"永嘉四灵"。他们的诗歌风格相近，被称为"四灵诗派"。

该派写诗专攻近体，尤其是五律，并以晚唐姚合和贾岛的创作为依据来反对江西诗派"资书以为诗"的做法，在一定程度上纠正了江西诗派以学问为诗、专在书本上找材料的习气。

## 史海拾贝

宋宁宗登基后，任用赵汝愚和韩侂胄为相，两个党派在朝堂之上闹得鸡飞狗跳，最终还是韩侂胄一党更胜一筹，赵汝愚被罢相，韩党专权。

韩侂胄是个主战派，得势之后先是禁止赵汝愚、朱熹等人担任官职，参加科举，这就是"庆元党禁"，然后便轰轰烈烈地准备北伐之事。

宋·佚名　　槐荫消夏图（现藏于故宫博物院）

　　公元1206年，韩侂胄北伐抗金，因为他没什么打仗的才能，轻敌冒进，很快就落败了，迫于无奈，南宋只得再次与金签订和议，史称"嘉定和议"。和议内容是上国书称金主为伯父，岁币银绢各三十万，又以三百万缗钱赎回淮、陕两地。嘉定和议后，南宋和金维持了大约六七年的和平。

乡村四月

绿遍山原①白满川②，

子规③声里雨如烟。

乡村四月闲人少，

才了④蚕桑⑤又插田⑥。

## 文字注释

① 山原：山陵和原野。

② 白满川：指稻田里的水色映着天光。川，平地。

③ 子规：鸟名，杜鹃鸟。

④ 才了：刚刚结束。

⑤ 蚕桑：种桑养蚕。

⑥ 插田：插秧。

## 白话译文

山坡田野间草木茂盛，稻田里的水色与天光相辉映。天空中烟雨蒙蒙，杜鹃声声啼叫，大地一片欣欣向荣的景象。四月到了，没有人闲着，刚刚结束了种桑养蚕的事又要插秧了。

## 作者档案

| 姓名 | 翁卷，字续古，一字灵舒 | 性格特点 | 人物印象 |
|---|---|---|---|
| 生卒时间 | 不详 | 淡泊名利，安闲自在。 | 翁卷一生都未曾入仕，以一身布衣游走四方，他的文学成就在文学史上占据了一席之地，他淡然处世的风格给后人留下了一笔珍贵的精神文化遗产。 |
| 籍贯 | 永嘉（今浙江温州） | | |
| 身份 | 南宋诗人 | | |
| 文学地位 | "永嘉四灵"之一 | | |
| 别称 | 翁灵舒 | | |
| 名言名句 | 闲上山来看野水，忽于水底见青山。 | | |

## 创作背景

四月的江南，山野、草木都是绿的，细雨蒙蒙，把万物都笼罩在淡淡的烟雾之中。此时正是农忙之时，家家户户都忙碌不停。这些恬静自然的风光深深地打动了翁卷，使他写下了这首诗，表达了他对农民辛勤劳动的赞美之情。

## 趣味故事

翁卷家境贫寒，他是家里的老大，还有两个弟弟。作为大哥，翁卷年轻的时候也曾想过参加科举，在朝为官，给家里缓解压力。

然而考到一半时，翁卷却主动放弃了。原因很简单，翁卷知道，在当时腐朽的考风之下，一无所有的自己，是不可能高中的。

官做不成，日子还是要过的。为了生计，翁卷以写文为生，四处奔波。据说翁卷为了写诗，头发都白了。

## 不懂就问：永嘉四灵的成就高吗？

永嘉四灵的成就并不高，但是当时的人们已经开始厌倦江西诗派。江西诗派开始衰落，永嘉四灵就这样应运而生。

"四灵"继承了山水诗人、田园诗人的传统，力举晚唐大旗，从而人心所向，应者云集。诸多文学家评价四灵为"唐音回归"或"唐风再现"，是很有见地的。

因此，"四灵"的成就虽然有限，但在当时的诗坛却引起广泛的反响，为后来的江湖诗派打下了基础。

## 史海拾贝

晚年时期的宋宁宗赵扩由于身体生病，开始迷上道教修炼术，疏于朝政，导致朝政被奸臣史弥远和杨皇后控制。

嘉定十七年（1224），宋宁宗在临安宫中的福宁殿去世，

宋·林椿　　果熟来禽图（现藏于故宫博物院）

在位三十年，终年五十七岁。

赵扩先后有九个儿子，但都在未成年时就夭折，因此在他去世后，史弥远和杨皇后赶紧召皇亲赵昀入宫，在赵扩灵柩前即位，史称宋理宗，由杨皇后垂帘听政。

赵昀即位后，朝权被史弥远把控，他对政务完全不过问，尊崇理学，纵情声色。

叶绍翁

夜书所见

萧萧梧叶送寒声，
江上秋风动客情。
知有儿童挑促织，
夜深篱落一灯明。

**文字注释**

① 萧萧：形容风吹梧桐叶发出的声音。

② 客情：旅客思乡之情。

③ 挑：用细长的东西拨弄。

④ 促织：蟋蟀，又叫蛐蛐。

⑤ 篱落：篱笆。

## 白话译文

瑟瑟的秋风吹动梧桐树叶，送来阵阵寒意，江上吹来秋风，使出门在外的我不禁思念起自己的家乡。几个小孩还在兴致勃勃地捉蟋蟀呢，夜深人静了还亮着灯不肯睡。

## 作者档案

| 姓名 | 叶绍翁，字嗣宗，号靖逸 | 性格特点 | 人物印象 |
|---|---|---|---|
| 生卒时间 | 1194—1269 | 淡泊名利，清新脱俗。 | 叶绍翁一生大半时间都处于隐居状态，曾在朝廷做过小官。他的诗语言清新，意境高远，属于江湖诗派风格。 |
| 籍贯 | 龙泉（今属浙江） | | |
| 身份 | 南宋诗人 | | |
| 文学地位 | 他编著的《四朝闻见录》，补正史之不足，被收入《四库全书》 | | |
| 别称 | 叶靖逸 | | |
| 名言名句 | 野老生涯差省事，一间茅屋两池菱。 | | |

## 创作背景

独在异乡为异客，秋月高挂，江风瑟瑟，寒气逼人。忽然看到远处篱笆下的灯火，料想是孩子们在捉蟋蟀。

人的悲欢并不相通，路过的叶绍翁情思翻涌，那是对家乡的思念。

"唉，也不知道何时才能归家。"叶绍翁轻叹一声，写下了这首诗。

## 趣味故事

叶绍翁本来不姓叶，而是姓李。

早年间他家也算富贵人家，他的祖父李颖士是个进士，因为抗金有功，升为大理寺丞、刑部郎中。

李颖士是南宋四名臣中赵鼎一党的官员，赵鼎被秦桧陷害，绝食而死，李颖士也受到牵连被贬，因此家道中落。

家道中落后，叶绍翁的父母便把他过嗣给龙泉叶氏，改姓叶。

## 不懂就问：什么是"江湖诗派"？

"江湖诗派"是南宋后期继"永嘉四灵"后而兴起的一个诗派，因为陈起刊刻的《江湖集》而得名。

《江湖集》是一部诗歌总集，里面收录了很多下层官员或者平民的诗歌，大多是抒发欣羡隐逸、鄙弃仕途情绪，也经常指斥时弊，讥讽朝政，表达不与当朝者为伍的意愿。

而江湖诗派中成就较高的两个人是刘克庄和戴复古。

## 史海拾贝

公元1233年，奸臣史弥远去世，沉寂近10年之久的宋理宗赵昀终于得以亲政。

赵昀亲政初期，还是比较有志向的，采取了一系列的改革措施，并解决了史弥远时期留下的很多烂摊子。不过他的很多改革措施都是做表面工作，并不能真正解决问题，这次并不成

宋·苏汉臣　　偎童傀儡图（现藏于日本东京国立博物馆）

功的改革，史称"端平更化"。

南宋端平元年（1234），南宋派兵出征，与蒙古联合，施行联蒙灭金政策。

当年正月，宋蒙联军就攻破了金最后的据点蔡州城，金哀宗完颜守绪匆忙传位后自缢身亡，金末帝完颜承麟也身死乱军之中，金灭亡。

宋金之战就此落幕，靖康之耻得以洗雪。

游园不值①

应怜②屐齿③印苍苔，

小扣④柴扉⑤久不开。

春色满园关不住，

一枝红杏出墙来。

**文字注释**

① 不值：没有遇到人。值，遇到。

② 应怜：大概是感到心痛吧。应，大概，表示猜测。怜，怜惜。

③ 屐齿：指木屐底下突出的部分。屐，木鞋。

④ 小扣：轻轻地敲。

⑤ 柴扉：用木柴、树枝编成的门。

## 白话译文

也许是园主担心我的木屐在青苔上留下印迹，轻轻地敲柴门，久久没有人来开。可是这满园的春色毕竟是关不住的，你看，那儿有一枝粉红色的杏花伸出墙头来。

## 创作背景

春天到了，繁花似锦，争奇斗艳，叶绍翁寻了一个艳阳天，兴致勃勃出发，去游园赏花。

叶绍翁来到园外，敲了半天却没有人开门，有些失望的叶绍翁正要离开，突然看到一枝红杏伸出墙外，进而领略到园中的盎然春意。

## 趣味故事

叶绍翁的好朋友葛天民本来是个僧人，后来还俗隐居在西湖，叶绍翁听说之后，高兴地去拜访他。

叶绍翁来到葛天民家，看到人家居住的环境，院子里种满了竹子、柳树，还有许多兰花。院子外便是西湖，种满了芦苇，葛天民每天就乘着小船出去钓鱼，观赏湖中风光，叶绍翁非常羡慕。

叶绍翁这一来，直接不想回家了，住了好长时间。后来，叶绍翁还写下好几首诗，表达对葛天民的羡慕之情。

## 不懂就问：什么是两分法？

所谓"两分法"，即把宋词分为豪放、婉约两派。这是一

宋·刘松年　　四景山水图（春景）（现藏于故宫博物院）

种传统的分法。豪放与婉约的概念，从明代沿用至今，一直比较流行。

豪放、婉约两种词风，在柳永、苏轼等人的词中都早已存在。从词的发展看，进入晚唐、五代以后，以婉约风格居多，至苏轼时期开始有意识地打破词为婉约的传统，写了一些豪放词。至于苏轼是否另立豪放一派，这个问题现在还有争论。

## 史海拾贝

金虽然灭亡，但是南宋依然处于内忧外患的局面之中。

公元 1235 年，蒙古大汗窝阔台以南宋背约为理由，发动战争，全面侵宋，自此，持续四十多年的宋蒙战争爆发。

偏偏晚年时候的宋理宗赵昀厌倦朝政，追逐声色，沉湎于醉生梦死的荒淫生活中。

赵昀放任丁大全、董宋臣、马天骥等奸臣乱政，还把朝政交给了奸相贾似道，导致南宋国势急衰，边防全线吃紧。

卢钺

雪 梅

梅雪争春未肯降，[①]
骚人阁笔费评章。[②][③]
梅须逊雪三分白，[④]
雪却输梅一段香。

**文字注释**

① 降：服输。

② 骚人：诗人。

③ 阁笔：放下笔。阁，同"搁"，放下。

④ 评章：评议，这里指评议梅与雪的高下。

**白话译文**

梅花和雪花都认为各自占尽了春色，谁也不肯服输。难坏了诗人，难写评判文章。梅花须逊让雪花三分晶莹洁白，雪花却输给梅花一段清香。

## 作者档案

| 姓名 | 卢钺，字威节，一作威仲 | 性格特点 | 人物印象 |
|---|---|---|---|
| 生卒时间 | 不详 | 志趣高雅 | 卢钺在历史上的记载不多，但他的《雪梅》两首却是备受尊崇，因此他也被叫作卢梅坡。 |
| 籍贯 | 闽县（今福建福州） | | |
| 身份 | 南宋诗人 | | |
| 文学地位 | 一首《雪梅》名传千古 | | |
| 别称 | 卢梅坡 | | |
| 名言名句 | 有梅无雪不精神，有雪无诗俗了人。 | | |

## 创作背景

初春，寒梅绽放，冰雪还未消融。漫步的诗人看着这一幅景象，突然想到，雪花和梅花，谁更胜一筹呢？

梅花没有雪花的洁白晶莹，雪花又没有梅花的清香，这两者，实在是难决高下。卢钺在这样的纠结中，突然想到，其实二者相辅相成，如果只有梅花独放而无飞雪落梅，就显不出春光的韵味，反之也是如此。

于是，卢钺便写下了关于雪梅的诗二首，这是其中第一首。

## 趣味故事

卢钺在历史上的记载不多，宋朝末年人，具体生卒年、生平事迹不详，存世诗作也不多，与刘过是朋友，以两首《雪梅》流芳百世。

## 不懂就问：虚词在诗词创作中起什么作用？

虚词在古代又称为"助字""语助""助语辞"等，没有实际的词义，只具有语法意义。

古典诗歌的创作过程中，每个诗人都要学会灵活生动地使用虚词。想要写好一首诗，如果只是单纯地堆砌实词，采用单一的对偶，诗歌势必显得单调板滞。

而虚词，便有着很好的调节作用，使诗词文章更加具有灵性，可以更细腻地传达诗歌的神韵和气势。

## 史海拾贝

公元1264年，宋理宗赵昀在临安去世，在位四十一年，仅次于仁宗，享年六十岁。

赵昀没有儿子，把皇位传给了自己的养子赵禥，史称宋度宗。赵禥当了皇帝之后更是荒淫无道，把国家大事全部交给奸臣贾似道，甚至对贾似道卑躬屈膝。

此时的蒙古，忽必烈在蒙哥死后，夺得蒙古汗位，稳定内部之后马上派兵进攻南宋。

公元1269年，元军包围襄阳城与樊城，贾似道却隐匿不报，

宋·刘松年　　四景山水图（冬景）（现藏于故宫博物院）

也不派兵增援。

　　襄阳城守将吕文焕带领孤军死守襄阳 5 年，奋力抗敌，阻挡住了元军的步伐，然而南宋朝廷却不信任吕文焕，导致吕文焕心灰意冷。

　　公元 1273 年，在兵尽粮绝，孤立无援的情况之下，襄阳城破，吕文焕投降元朝，从此成为元朝攻打南宋的先锋。

文天祥

过零丁洋①

辛苦遭逢起一经②③，干戈寥落四周星④⑤⑥。

山河破碎风飘絮⑦，身世浮沉雨打萍⑧。

惶恐滩头说惶恐⑨，零丁洋里叹零丁⑩。

人生自古谁无死？留取丹心照汗青⑪⑫。

## 文字注释

① 零丁洋：即"伶丁洋"，在今广东珠江口外。1278年底，文天祥率军在广东五坡岭与元军交战，落败被俘，囚禁船上时曾经过零丁洋。

② 遭逢：指遇到朝廷选拔。

③ 起一经：指因精通某一经籍而通过科举考试得官。文天祥在宋理宗宝祐四年（1256）中进士第一名。

④ 干戈：指战争。干和戈本是两种兵器。

⑤ 寥落：稀少。指宋朝抗元战事逐渐消歇。

⑥ 四周星：四周年。从德祐元年（1275）起兵抗元至被俘恰是四年。

⑦ 絮：柳絮。

⑧ 萍：浮萍。

⑨ 惶恐滩：在今江西万安境内赣江中，水流湍急，极为险恶。宋端宗景炎二年（1277），文天祥在江西兵败，经惶恐滩退往广东。

⑩ 零丁：孤苦无依的样子。

⑪ 丹心：红心，比喻忠心。

⑫ 汗青：古代在竹简上写字，先以火炙烤竹片，以防虫蛀。因竹片水分蒸发如汗，所以称之为"汗青"。这里指史册。

## 白话译文

回想我早年由科举入仕历尽辛苦，如今战火消歇已熬过了四个年头。国家危在旦夕，恰如狂风中的柳絮，个人似骤雨里的浮萍。惶恐滩的惨败让我至今依然惶恐，零丁洋身陷元虏可叹我孤苦伶仃。人生自古以来有谁能够长生不死？我要留一片爱国的丹心映照史册。

## 作者档案

| 姓名 | 文天祥，字履善，又字宋瑞，号文山 | 性格特点 | 人物印象 |
|---|---|---|---|
| 生卒时间 | 1236—1283 | 舍生取义，宁死不屈，迎难而上，勇敢无畏，不畏权贵。 | 他是状元郎，为人正直，直面小人遭到贬斥，数度沉浮。<br>他在国家危难之际挺身而出，以一介文人之身带兵抗元。<br>他视死如归，兵败被俘，被囚三年，屡经威逼利诱，仍誓死不屈。<br>他是文天祥，他的故事激励了后世众多为理想而奋斗的仁人志士。 |
| 籍贯 | 吉州庐陵（今江西吉安） | | |
| 身份 | 南宋诗人、政治家、文学家、抗元名将、"宋末三杰"之一 | | |
| 文学地位 | 著名诗人 | | |
| 别称 | 浮休道人 | | |
| 名言名句 | 人生自古谁无死？留取丹心照汗青。 | | |

## 创作背景

公元 1278 年，文天祥在广东海丰五坡岭与元军交战，兵败被俘。元军舍不得杀掉文天祥，于是第二年把他押到船上，送到崖山，这首诗便是文天祥在途中经过零丁洋时所作。

来到崖山之后，元将张弘范逼迫文天祥投降，让他写信招降还在崖山固守的张世杰、陆秀夫等人，文天祥不从，拿出这首诗以明己志："我乃宋臣，岂会投降你元朝？"

## 趣味故事

公元 1276 年，朝廷派出刚刚担任右丞相的文天祥出使元朝，到元军之中议和。

文天祥与元军主帅伯颜争论，被伯颜逮捕，幸亏文天祥机敏，逃了出来。

在逃亡途中，文天祥不知道吃了多少苦，甚至因为饥饿而走不动路，向樵夫们讨了一些残羹吃。

吉人自有天相，即使元军多方围追堵截，在手下们舍生忘死的帮助之下，文天祥最终逃到了宋朝还占据着的温州。

## 不懂就问："宋末三杰"是哪三个人？

"宋末三杰"是南宋末年，南宋朝廷中带领军民抗击元朝的三位领袖，他们分别是：文天祥、陆秀夫、张世杰。

面对元朝入侵和压迫，三人拼死抵抗，为争取国家生存、自尊、自卫而英勇献身。

宋·佚名　　沧海涌日图（现藏于故宫博物院）

## 史海拾贝

　　南宋咸淳十年（1274）七月初九，宋度宗赵禥在临安驾崩，传位给他的二儿子赵㬎，史称宋恭帝。

　　赵㬎继位时才四岁，由他的母亲谢太后临朝称诏。这时的蒙古铁骑已将四川拿下，长江中上游基本被元朝占领，南宋已经处于风雨飘摇之中。

　　时年9月，元军向南宋发起了总攻，任命宋朝降将吕文焕为前锋，沿江城池的守将多是吕文焕以前的部下，元军所到之处，这些人纷纷归降。

　　公元1275年，元军大将刘整兵临建康城下，刘整本来是宋朝的名将，能力出众，却被贾似道和吕文德迫害，投降元军。

　　贾似道当然知道不是刘整的对手，明面上说着要和刘整决一死战，实际上却是带着金银财宝和妻儿准备找机会逃离南宋。

南安军

梅花南北路，风雨湿征衣①。

出岭同谁出？归乡如此归！

山河千古在，城郭一时非。

饿死真吾志②，梦中行采薇③。

## 文字注释

① 征衣：战衣。

② 吾志：我的意愿。

③ 采薇：周武王伐纣灭商，伯夷、叔齐（商末孤竹国君的两个儿子）不食周粟，逃到首阳山，采薇而食，后来饿死。薇，一种野菜。文天祥到了南安军曾绝食八天。

## 白话译文

由南往北走过大庾岭口，一路风雨打湿衣裳。想到去南岭时有哪些同伴，回到家乡却身为俘囚。

祖国的河山千年万世永存，城郭只是暂时落入敌手。绝食而死是我真正的意愿，梦中也学伯夷、叔齐，吃野菜充饥等死。

## 创作背景

公元1278年，文天祥被俘。公元1279年，崖山被攻陷，南宋宣布灭亡。

这首诗是文天祥公元1279年被押往北方时路过南安军（治所在今江西大庾）时所作。

南宋之亡，已无力回天，文天祥用自己的血与泪，写下了这首诗，诗里满是他的爱国情怀，是那不可磨灭的凛然正气！

同年10月文天祥被押送到元大都，做了三年多的囚徒，依然不愿投降，壮烈牺牲！

## 趣味故事

文天祥少年时期，有一次跟着父亲到侯城书院去，书院里挂着四幅画像，文天祥很好奇，问父亲这都是什么人。

父亲指着第一幅画像，不假思索地告诉文天祥，那是欧阳修。

文天祥兴致勃勃地发问，父亲却沉思良久，才缓缓地说道："这第二幅画像是本朝初期的一位大忠臣，他被金军俘虏后，宁死不降，被杀死挖心。另外两幅画像，分别是周必大和胡铨，他们都是我大宋的忠臣……"

父亲讲了很久，文天祥也安静地听了很久，这些忠臣的气节都深深印在了他的脑海里。

等到父亲说完后，文天祥从附近的山坡上挖来了五棵柏树苗，种在书院门口。这五棵柏树苗，其中四棵分别代表四位先贤，而最后一棵，代表了文天祥自己。

## 不懂就问：中国的古称有哪些？

中国的古称有华夏、中华、中夏、诸华、神州、九州、九土、赤县等。

华夏也称"夏""诸夏"，是中国古代周王朝的自称。在甲骨文中，"华"字的地位非常崇高圣洁，华夏指礼仪之邦。古时称中国为"赤县神州"，后用"神州"作为中国的别称。

## 史海拾贝

贾似道率领大军在鲁港与元军大战，很快便战败逃往扬州，不久后被郑虎臣斩杀。

擅权误国的贾似道已经不在了，南宋朝廷却没有振作起来，反而任命另一个奸臣陈宜中为相。

在陈宜中的带领之下，南宋很快就陷入了万劫不复的深渊，公元1276年2月，郑太后带着宋恭帝赵㬎率领百官投降。

就在临安城投降前夜，益王赵昰、广王赵昺在驸马都尉杨镇、国舅杨亮节护送下潜出城外，逃到浙江温州。

此时的天下还有一部分掌握在南宋手里，张世杰、文天祥、陆秀夫等人在福州会合，拥立赵㬎的哥哥、年幼的赵昰为帝，史称宋端宗。

宋末三杰就这样艰难地抵抗着元军，公元1278年，幼小的宋端宗屡受颠簸，惊病交加，在碙洲（今江门新会）荒岛上病死，时年九岁。

雷震

## 村晚

草满池塘水满陂，[①]

山衔落日浸寒漪。[②][③][④]

牧童归去横牛背，[⑤]

短笛无腔信口吹。[⑥][⑦]

**文字注释**

① 陂：池岸。

② 衔：口里含着。

③ 浸：淹没。

④ 漪：水中的波纹。

⑤ 横牛背：横坐在牛背上。

⑥ 腔：曲调。

⑦ 信口：随口。

## 白话译文

　　绿草长满了池塘，池塘里的水几乎溢出了塘岸。远远的青山，衔着彤红的落日，一起把影子倒映在水中，闪动着粼粼波光。那小牧童横骑在牛背上，缓缓地把家还。他拿着一支短笛，随口吹着，也没有固定的曲调。

## 作者档案

| 姓名 | 雷震 | 性格特点 | 人物印象 |
|---|---|---|---|
| 生卒时间 | 不详 | 喜爱自然，热爱生活。 | 雷震在历史上记载很少，他的《村晚》一诗乃名作，流传至今。 |
| 籍贯 | 眉州（今四川眉山） | | |
| 身份 | 南宋诗人 | | |
| 文学地位 | 无 | | |
| 别称 | 雷村晚 | | |
| 名言名句 | 牧童归去横牛背，短笛无腔信口吹。 | | |

## 创作背景

　　乡村的傍晚，池塘、落日、牧童、短笛，糅合成一幅祥和美好的画面。这正是雷震向往的生活，对大自然和生活的热爱及其对乡村生活的向往之情，让雷震写下了这首诗，给我们描绘了一幅饶有生活情趣的农村晚景图。

## 趣味故事

传说，宋怀宗赵昺在崖山时，养了一只白鹇鸟。

这只鸟儿十分可爱，还很聪明，会说人话，每次见到赵昺就会尖声叫道："吾皇万岁，吾皇万岁。"

赵昺只是个孩子，十分喜爱这只鸟儿，走到哪儿都要带着它，把它当作最好的朋友。

鸟儿也知道赵昺对自己的好，在陆秀夫带着赵昺投海殉国的时候，鸟儿在笼中悲鸣奋跃不止，把鸟笼撞得左右摇晃。终于摇脱笼钩，带着鸟笼一起坠入海中，追随赵昺而去。

后来，人们把它叫作"义鸟"，并在慈元庙左侧建了一座白鹇冢以作纪念。

## 不懂就问：宋词和元曲有什么区别？

唐诗、宋词、元曲、明清小说，这个口诀代表了自唐以来各个朝代的鼎盛文化。而其中，宋词和元曲都是长短句，属于音乐文学，性质相同，那么，它们的区别在哪里呢？

一、语言表达形式：词的语言一般较严肃优雅，曲的语言一般较通俗幽默，可以加入很多口头语言。

二、结构区别：词可以由多片组成，曲的小令只有一片。词不能几首放在一起，曲则可以是套曲，多首叠在一起；词的结构要求严格，有严格的格律和字数限制，曲的结构相对比较自由。

宋·夏圭　梧竹溪堂图（现藏于故宫博物院）

三、格式和平仄押韵区别：词的平仄中有入声字，曲没有入声，所以比词好填。词的题头有词牌和词题，而曲的开头则是曲牌、宫调和曲题。

**史海拾贝**

公元 1278 年，宋端宗赵昰病死之后，陆秀夫、张世杰拥立宋端宗的弟弟赵昺为帝，史称宋怀宗，在崖山抵抗元军。

宋·朱锐　溪山行旅图（现藏于上海博物馆）

三杰之一的文天祥已经战败，被元军俘虏，只剩下张世杰与陆秀夫，此时的大宋已经无力回天了。

公元1279年，宋军与元军在崖山进行最后决战，这是古代少见的大海战。

战事失利，大臣陆秀夫在一艘小船之上守护赵昺，陆秀夫知道已经难以脱身，换上朝服，哭着对年幼的赵昺说道："陛下，国事一败涂地，陛下理应为国殉身。德祐皇帝（恭帝）当年被掳北上，已经使国家遭受了极大的耻辱，陛下万万不能再重蹈覆辙了。"

说完之后，陆秀夫便背起幼帝，走到那块当作缆凳的大石（崖门奇石）上，跳入大海，以身殉国！

其他船上的大臣、宫眷、将士听到这个噩耗，顿时哭声震天，十万军民随着大宋最后的帝王，投海殉国！

不久后，张世杰终于率领着部下赶到这里，此时海上风雨交加，大浪滔天，张世杰拒绝了部下暂避风雨的建议，绝望地说道："我为赵氏，也算竭力了，一君身亡，复立一君，如今又亡，我在崖山没有殉身，是望元军退后，再立新君，然而，国事发展到如此地步，难道这是天意？"

说完后，张世杰堕身入海，尽忠殉国，悠悠大宋，就此正式灭亡！

元最终统一整个中国。